汉朝人物传奇

杨玉琴 —— 编著

团结出版社

© 团结出版社，2024 年

图书在版编目（CIP）数据

汉朝传奇人物 / 杨玉琴编著 . -- 北京：团结出版社，2024.10
　ISBN 978-7-5234-0385-3

　Ⅰ.①汉… Ⅱ.①杨… Ⅲ.①历史人物－列传－中国－汉代 Ⅳ.①K820.34

中国国家版本馆 CIP 数据核字 (2023) 第 167030 号

责任编辑：周　颐
封面设计：紫英轩文化

出　　版：团结出版社
　　　　　（北京市东城区东皇城根南街 84 号　邮编：100006）
电　　话：（010）65228880　65244790
网　　址：http://www.tjpress.com
E-mail：zb65244790@vip.163.com
经　　销：全国新华书店
印　　装：天津泰宇印务有限公司

开　本：170mm×240mm　16 开
印　张：12　　　　　　　　　　字　数：200 千字
版　次：2024 年 10 月　第 1 版　　印　次：2024 年 10 月　第 1 次印刷

书　号：978-7-5234-0385-3
定　价：39.80 元
（版权所属，盗版必究）

帝王理政，软硬兼施

"市井皇帝"刘邦 / 001

引发"七国之乱"的汉景帝 / 005

雄才大略的汉武帝 / 007

"柔仁好儒"的汉元帝 / 010

无力挽救危局的汉哀帝 / 013

傀儡帝王刘协 / 016

后宫参政，激起波澜

吕后与她的"宫心计" / 019

"农妇"也能变凤凰——薄姬 / 021

汉惠帝孝惠皇后张嫣 / 025

历经三代帝王的奇女子窦漪房 / 029

奇女子钩弋夫人 / 033

史上最长寿的皇后王政君 / 035

苦命的天之骄女陈阿娇 / 039

红颜万里的昭君出塞 / 042

环肥燕瘦的主角之一赵飞燕 / 044

"娶妻当得阴丽华" / 047

艳冠群芳、权倾朝野的窦氏 / 050

武将善战，驰骋疆场

汉初三朝元老之一灌婴 / 053

淮阴侯韩信 / 057

西汉勇将周亚夫 / 061

难封侯的飞将军李广 / 065

大将军卫青 / 069

死于奸佞之手的忠臣李固 / 072

黄巾起义的镇压者皇甫嵩 / 075

"四世三公"——袁绍 / 079

贤臣辅国，名垂青史

开国第一功臣萧何 / 084

帝师张良 / 088

布衣谋士娄敬 / 092

"萧规曹随"——汉惠帝丞相曹参 / 094

廉洁正直却吐血而亡的宰相申屠嘉 / 098

不太会做官的晁错 / 100

公正仁厚的丞相黄霸 / 102

硬脖子的洛阳令董宣 / 104

贪官的克星李膺 / 108

刚正不阿的孔融 / 112

志士建功，大展宏图

张骞出使西域全纪实 / 115

"大隐隐于朝"的东方朔 / 120

少年英雄霍去病 / 124

北海牧羊的苏武 / 127

贪财的破胡壮侯陈汤 / 131

投笔从戎的班超 / 134

奸佞误国，遗臭万年

花甲之年的宰相公孙弘 / 142

张汤为什么被人称为"酷吏" / 144

风流倜傥的奸佞江充 / 148

篡夺皇位的王莽 / 151

惑帝王、掌朝纲的大太监石显 / 154

东汉外戚权臣窦宪 / 158

人才辈出，各领风骚

董仲舒独尊儒术 / 162

痴情"王子"司马相如 / 166

司马迁写《史记》/ 170

蔡伦与惊动世人的造纸术 / 174

中国第一位女历史学家班昭 / 176

张衡发明地动仪 / 180

妙手回春的神医华佗 / 183

帝王理政，软硬兼施

"市井皇帝"刘邦

> 人物名片

汉高祖刘邦（前256—前195），字季，今江苏丰县人。刘邦出生在一个平民家庭里，在秦朝后期曾经担任泗水亭长，最后在江苏沛县举起反秦的大旗，被人称为沛公。秦朝灭亡后，刘邦被封为汉王。后在楚汉之争中打败西楚霸王项羽，建立汉朝，成为汉朝的开国皇帝，史称汉高祖。刘邦对统一汉民族和中原地区的强盛繁荣做了巨大的贡献。

> 人物风云

公元前256年，在沛县的一个很平常的农家里出生了一个小男孩，在他五十四岁的时候，竟成了大汉朝的开国皇帝，是出身比较寒微的君王之一，他就是汉高祖刘邦。

对于汉高祖，民间有很多的传说，其中最著名的便是赤蛇的故事。说的是刘邦的母亲因为在电闪雷鸣的雨夜感应到了赤龙，也因此而怀上了刘邦。还有一种传说是，有人给他的母带来了一颗赤色珠子，他的母亲服用后，便怀孕生下了刘邦。这两个民间传说虽然有不同之处，但是我们也知道，赤色和汉高祖刘邦关系密切，几乎可以说是他的幸运色，就连后来在他的成长道路上也有一些令人费解的事件与赤色有关。

　　传说中，汉高祖刘邦在起义前常常在一家酒店里面喝酒，醉酒之后便直接躺在地上睡觉，有一回，店家竟然看到刘邦的头顶上有一条赤龙在那里盘旋。店家很是奇怪，从那以后，这位店家便免去了他的酒水钱。还有一次是说，汉高祖刚举起起义大旗的时候，刘邦还是像往常一样，喝得醉乎乎的，在夜间赶路的途中，突然，出现了一条很大的白蛇拦住了他的去路，这个时候，刘邦酒意未消，拔出自己腰间的佩剑，将白蛇杀死，随后继续赶路，又往前走路一段路，才摇摇晃晃的睡在路边，这便是著名的斩白蛇夺天下的故事。

　　这个传说让很多的人认为他天生不凡，也吸引了很多人愿意跟着他起义行事。

　　作为开国皇帝，汉高祖刘邦有两个最大的优点：志向远大、胆大妄为。他的这两种优势是天生就有的，很早之前，他还是泗水亭长之时，看见当时秦始皇的出巡场面，宏伟壮观，霸气外漏，刘邦就对此大发感慨：

　　"唉，所谓大丈夫生来就应该是这样的！"

　　刘邦小的时候就不喜欢读书，年少的时候游手好闲，无所事事，但是他待人接物却是无比的豁达大度，当他还是泗水亭长的时候，便广交了天下好友。如果刘邦出生在一个天下太平的年代，那么他的一生也许就只能是平平庸庸、碌碌无为，谈笑间也就这么过去，不会有什么大的成就。不过，他是在一个乱世当中，他本就不会按部就班地过日子，道德观念在他的心里也没有真实的概念，但他天不怕地不怕的态度正好符合乱世之中的生存法则。人们说时势造英雄，也正是因为当时秦朝政治腐败，国君昏庸，才成就了刘邦一生的伟业。

　　秦二世元年，陈胜吴广起义，刘邦的家乡沛县也跟着响应，萧何与曹参提议让樊哙找来了刘邦和他的手下。但当刘邦带着自己的几百人马来到沛县的时候，沛县县令害怕刘邦进城会对他不利，便紧关城门不让刘邦等人的队伍进城，甚至还派人要杀了萧何和曹参。萧曹两人听到风声后，便连夜逃走投奔了刘邦，刘邦把一封信用箭射进了城中，上面写着沛县县令的种种罪行，号召所有的乡亲父老们同心协力除掉县令，联合起来保护自己，保护自己的家庭。城中百姓得信后，杀了县令，打开城门迎接刘邦等人城，并且推举刘邦为沛县新县令，刘邦后来称作沛公。

萧何、曹参、樊哙等人经过一些凶险的遭遇，都已经决定跟随刘邦做事，他们号召身健体壮的人参加起义的队伍，为国家出一份力。在他们三人的号召下，没过多久，队伍就已经扩大到了三千人。后来刘邦和项梁联手，共同拥立了熊心为楚怀王，也正是从这个时候开始刘邦和项羽便同属于一支军队的名下了。

公元前206年8月，汉高祖刘邦率自己的军队攻入关中，当时的秦朝皇帝子婴投降，这也意味着秦朝的灭亡。当时刘邦攻陷咸阳后，被宫殿的宏大辉煌和无数的奇珍异宝所迷惑，打算长久的定居在咸阳宫里，过自己的太平日子。听了他的这个想法，大将樊哙和谋士张良劝说刘邦，并且告诉他不能因为眼前的一点小利益，而忘记了自己的宏伟目标，一句话让刘邦立即清醒了，他下令将咸阳宫所有财物全部封存，自己与将士们一起在军中居住。

也是在这个时候，刘邦和城里的老百姓建立了深厚的感情。他把秦朝的严酷律法废除，还与城中父老约法三章："随意杀人者处死，而动手伤人或者是偷盗的人抵罪。"这个宣言虽然很简短，但是却令咸阳的百姓们高兴不已，从此之后，"约法三章"成为了安抚政策中一个很有效的方法。

刘邦的这种态度让关中百姓都比较喜欢他，很多人拿着牛羊酒食去军队送给他们，却被刘邦谢绝说："军队的粮食还有很多，实在是不必劳烦百姓。"这一举动更是让城中的父老乡亲们对他敬爱有加，每个人的心中都希望刘邦可以成为他们的下一任统治者。但是乱世之中是非多，看着这不断变化的局势，刘邦他们也担心中途会发生什么出人意料的变故。

接着便有了历史上著名的鸿门宴的故事，它也是比较精彩的政治故事之一。在这个事件中，刘邦和项羽的身边都有几个能人辅助。刘邦身边有曹无伤、张良和樊哙等，而项羽身边则是项伯、范增和项庄等。虽然他们几个人的身份相似，但是他们之间所起到的作用和最终的结果却是天差地别了。这场较量几乎浓缩了刘项争斗的过程，刘邦的胜利和项羽的失败早就从这个时候已经注定了。

在这一场较量中,一方是一个做事莽撞的盖世英雄,而另一方则是机敏聪明的市井无赖。这场较量的最终结果便是天下归了无赖,传奇成就了英雄。现在,楚汉之争早就已经成了人们耳熟能详的故事,会有很多的人为楚霸王项羽的失败而感到惋惜,但是汉高祖刘邦的胜利也绝非偶然。如果说用道德标准来评判的话,刘邦则是一个一身缺点的混混;但是如果从政治角度来评断的话,刘邦无疑是一个很出色的政治家、领导者,一个成功的开国皇帝。

公元前202年,刘邦登基为帝,大汉朝成立,其都城位于洛阳。因为汉高祖刘邦是平民出身,又目睹了秦朝的灭亡,刘邦对于百姓的生活与困难都是感同身受,他登基以后,便很用心地选择一种最温和的方式来治理国家。并且还采取了一系列有利于人民的政策和措施,维持了正常的社会秩序,因而深得百姓的爱戴。

汉高祖刘邦对于自己的缺点和优点也都有自知之明。他知道在很多地方自己都不如身边的很多人,他本身最大的优点便是知人善用,对于别人好的建议会悉心采纳。作为一个国家的统治者,常常会有人根据时下的形势给刘邦提出建议,因此这也是他能够在许多复杂的情况下做出正确决定的主要原因,也是促使他成为一代贤君的重要力量。

人们看刘邦本身则是一个地痞混混,这是从刘邦个人行为的角度来看待的,而如果从一个君王的角度来看待刘邦,他就是一个有着远大抱负的人,并且更是有治理国家的才能,他的豪情壮志在他的统治生涯中表现得淋漓尽致。比如历史上有名的《大风歌》,则是他晚年的时候回自己的家乡沛县,与自己的父老乡亲一起喝酒时所唱的。

刘邦到了晚年的时候,特别宠爱戚夫人,一直想着废太子,改立戚夫人的孩子赵王为太子。但是受谋士张良的指点邀来了当时很有名气的隐士"商山四皓"来共同辅佐太子,这四位隐士,如果不是自愿,刘邦自己都未能邀请的来,刘邦看到这种情景,便打消了改立太子的念头。当他病重的时候,一想到自己死后,自己的宠妃戚夫人和他的儿子将要遭遇厄运的时候,就痛心不已,所以趁自己还在世的这些日子,刘邦让戚夫人为他跳支舞蹈,而自己则是为她伴唱:

"鸿鹄高飞,一举千里。羽翼以就,横绝四海。横绝四海,又可奈何!虽有矰缴，尚安所施！"

　　这首诗歌或许是汉高祖刘邦一生中最温情的作品。虽然刘邦是一个至高无上的君王，但是，他却连保护自己宠妃和儿子的能力都没有，实在是可悲可叹啊。汉高祖刘邦去世之后，吕后便将戚夫人与他的儿子残忍地杀害了。如果刘邦地下有知，不知他会有何感想。

　　刘邦从小做事比较执着，更是有着远大的抱负和理想，虽然对于他本人而言，似乎并没有特别出色的才能，但是他却懂得聚拢天下有识之士，知人善用，最终成了一名优秀的统治者。刘邦南北征战数十年，创建了大汉王朝，在此期间，又实施了一系列有利于人民生活和经济发展的政策，安排好了一切事宜，为汉朝建立辉煌伟业奠定了坚实的基础。这样的业绩，这样的出身，他可以算得上史上的第一人，他的事迹也被后来的英雄们争相效仿。

引发"七国之乱"的汉景帝

人物名片

　　汉景帝刘启（前188—前141），是西汉第六位皇帝，汉文帝刘恒的儿子。母亲窦姬。公元前157年，文帝驾崩，刘启即位，继续秉承父亲一贯的风格，政治清明、朝野稳定，削藩减租，轻刑安边，主张无为而治，在位16年间，西汉进入了一个经济繁荣、国泰民安的时期。驾崩后，谥号"孝景皇帝"。

人物风云

　　西汉建国初期，分封刘氏家族为诸侯王，这些人的封地很大，实力也很强，他们拥有自己的军队，自置官职，导致政治和经济力量也逐渐膨胀。刘启即位之初，首要的重任就是削弱藩王势力，从而解除他们对汉室的威胁。在这个问题上，他充分采取了晁错的主张。

　　晁错认为，藩王中势力最强、最危险的应该是吴王刘濞。刘濞是汉高祖刘邦的侄子，刘邦册封吴王以后，就预料他日后可能会生出反叛之心，很是后悔，但事已至此，只好静以观之。刘濞到达藩国，就开始收买人心，不断发展势力，企图有一天时机成熟，夺取帝位。景帝还是太子时，刘濞与景帝发生了些过节，为此刘濞一直怀恨在心，于是，便加快了准备叛乱的脚步。景帝即位时，刘濞准备已将近40年，自然成了威胁大汉统治地位的最大的诸侯王。

晁错削藩的主张遭到了窦婴的反对，削吴的事也只好暂时耽搁了下来。吴王刘濞听闻朝廷削藩的事，立即发动叛乱。他首先联合楚王刘戊，达成叛乱盟约；紧接着，又打着诛晁错、安社稷的幌子，联合其他诸侯王起兵反叛。景帝前元三年正月，削吴的诏书一到，吴王刘濞就在广陵起兵，以吴王为首，参加叛乱的一共有七个藩王，这就是历史上著名的"吴楚七国之乱"。

景帝走投无路，在情急之下，只好决定杀晁错，以安抚诸藩王。接着，景帝又派召太尉周亚夫、窦婴等人为将军，率兵平乱。

七国平定之后，景帝把叛王的封地做了一番规整，规定王国的行政大权以及官吏任免权集于中央，还裁减王国官吏，藩国的地位被取消。

除了平定七国之乱，在对民政策方面，汉景帝也做出了很大的贡献。汉景帝初期，继续奉行汉文帝的治国策略及方针，保持国家安定的局面，发展农业生产，休养生息、轻徭薄赋。为了达到这个目标，对内，他采取重农、薄敛、轻刑和教化的措施，对外采取继续与匈奴和亲的措施。

景帝即位的第二年正月，为了鼓励百姓田作，宣布减免一半的田租。为了达到与民休息，促进农业的发展，景帝对使用民力这件事情上很是谨慎。在位期间，仅仅为自己修建了一个阳陵，其规模也不是很大。除此之外，再没有兴建其他的土木工程。在其他方面，汉景帝也是本着仁德之心治理国家，讲究一切从简。在刑法方面，景帝比较重视轻刑，反对酷刑。在思想领域方面，景帝奉主张无为而治，学术上对诸子采取兼容并蓄的态度，允许各家争鸣。外交上，景帝继续沿用汉初以来同匈奴和亲的政策。景帝在前元元年曾经派陶青与匈奴商谈和亲的事情。以宽容之心对待匈奴的政策，保证了汉朝社会的安定局面，对人民的休养生息起了很大推动作用。

景帝在位期间，维护安定，轻徭薄赋，与民休息，为社会经济文化的稳定和发展奠定了基础,成为历史生最繁荣的时期之一——"文景之治",这个时期是西汉王朝的一个升平时代。

在用人方面,汉景帝刘启主张任人唯贤,所以才能够达到"文景之治",他在政治、经济、文化、司法、外交政策等方面的作为,与他的知人善任、是非分明是密不可分的,也与他生性温和敦厚、穆静仁慈有着很大的关系。

对于一位君主来说,可以识才择贤,实属不易;能够不以好恶来决策,做到是非分明,就更加不容易了。而在这两方面,景帝都做得相当出色,是一个难得的君王。

景帝在位16年之久,于后元三年在未央宫中驾崩,终年只有48岁。景帝死去,汉武帝刘彻即皇帝位。刘彻将景帝葬于阳陵。谥号"孝景皇帝"。

雄才大略的汉武帝

人物名片

汉世宗孝武皇帝刘彻(前156—前87),汉朝的第七位天子,是一个伟大的政治家、战略家。刘彻是汉景帝刘启的第十子、汉太宗文帝刘恒的孙子、汉太祖刘邦的重孙子。七岁时被册立为皇太子,十六岁登基,在位五十四年期间数次大破匈奴军、吞并朝鲜、派遣使节出使西域。独尊儒术。他开拓了汉境最大版图,功业辉煌。刘彻驾崩后葬于茂陵,谥号"孝武",庙号世宗。

人物风云

汉武帝,可谓是雄才大略,文治武功,是中国历史上最伟大的皇帝之一。他使汉朝成为当时世界上最强大的国家,开创了西汉最繁荣鼎盛的时期,这个时期也是中国封建王朝所达到的第一个高峰。此外,汉武帝也是中国第一位使用年号的帝王。

小时候的刘彻喜欢学习,而且对儒学经典、骑马射箭、文学艺术,都颇有兴趣。建元元年，刘彻继承帝位，年仅16岁。此前的"文景之治"，汉朝的经济文化都得到了复苏和良好的发展，等到刘彻继位时，国泰民安，家给人足，百姓安居乐业，朝廷统治稳定，一派祥和之气。然而，在繁荣的背后却隐藏着尖锐的矛盾。

汉武帝下定决心解决这些潜在的矛盾，他礼贤下士，招揽贤臣，以仁德治理天下。于建元元年下诏令全国推举"贤良方正"之士。刘彻亲自召见，询问治国良策，史称"贤良对策"。

与此同时，汉武帝着手政治改革，推行了许多利国利民的政治措施。但是，此时的政权还掌握在他的祖母窦太皇太后手中，窦氏族人开始觐见谗言，诋毁新政策，朝中逐渐形成了一个以窦太后为核心的反对集团，导致汉武帝的许多利民措施都不能顺利实行。对此，汉武帝劳心费神。

建元六年，窦太皇太后逝世，汉武帝终于摆脱了束缚，立即下令清除窦太皇太后所有的亲信党羽，任田蚡做丞相，韩安国为御史大夫，开始了真正意义上的统治生涯。

汉初六七十年间，儒家思想风靡一时，儒家思想博大精深，包含了政治、哲学、教育、伦理各方面，内容包罗万象，主张以"仁政"治天下，这恰巧符合了汉武帝的治国思想。董仲舒顺应时代的要求，提出了"罢黜百家，独尊儒术"的思想，成为新儒家的代表。董仲舒的勤政爱民，以仁治国，大一统的思想主张，从封建社会统治的大局出发提出的方案，这些主张为汉武帝集权中央、统一思想、一统天下提供了强有力的理论依据，儒家思想有利于封建统治的长治久安，刘彻实行"罢黜百家，独尊儒术"也是必然的。

汉武帝独尊儒术，在全国兴建太学，设五经博士，推行儒学教育体制。思想达到统一了，革新的绊脚石也就去掉了，汉武帝又推出了一系列的新政。首先是察举制和征召制的实行，这两者的巧妙配合，使汉武帝聚拢了大批人才。汉武帝直接或间接地把选拔官吏的权力掌握在自己手中，形成了以皇权为中心的官僚制度，使地主阶级中下层的知识分子踏上了仕途，扩大了西汉王朝的统治基础。与此同时，汉武帝大力加强中央集权统治。首先是削弱丞相的权力，加强皇上的权利。为了进一步加强中央集权，刘彻采取了"强干弱枝"政策，极力地削弱地方割据势力。汉武帝在打击地方势力的同时,还着手削弱地方官吏的势力,加强自己的统治。

刚继位的汉武帝,一方面要抵御诸侯王的侵犯,防止他们势力膨胀对帝王的统治造成威胁,一方面要利用血亲来维持刘家的统治地位。主父偃虽为布衣,在治国方面却很有见解,由于久不得志,他竟然直接上书皇帝,要求皇上召见他,这个人的胆子还真是大啊!主父偃向汉武帝建议可以实行"推恩令"来缩小诸侯王的地盘,削弱各诸侯国的实力,让他们的子嗣各分得一份土地,势力分散了,你不去打他们,他们自己就吵起来了,自然也就不用您担心了。这些话简直说到了汉武帝的心坎里,他立即下令执行"推恩令"。

汉武帝身为一位有作为的君王,在政治体制方面开设了中、外两朝,朝廷内部形成了两个分支:内朝是由大将军及尚书为首组成,属于决策机关;另一个是以丞相等人组成的外朝,属于政务机关。这样的政治改革使工作效率得到提高,官僚的势力也被分散,既巩固了封建统治地位,也彻底解决了诸侯国尾大不掉的问题,进一步加强了中央集权,为汉初经济和社会的进步做出了巨大的贡献。

汉武帝在水利方面的成就也是不容小觑的,其统治期间是我国历史上水利事业得到较快发展的时期之一。水利建设同样为大汉朝的经济的繁荣及政治的稳定奠定了坚实的基础。

汉朝定都长安以后,国家政治、经济重心主要集中于关中和西北等地区,关中素有"八百里秦川"的美称。为了推动农业生产及航运交通的发展,汉武帝在位期间先后修建了漕渠、龙首渠、六辅渠、白渠等水利工程。不仅如此,汉武帝还专门颁发诏令,要求各地注意兴修水利,有力推动了全国水利建设的开展。水利建设,促进了关中地区经济的迅速发展,使这里成为当时全国著名的经济开发区。

作为一位智勇双全,雄才大略的帝王,汉武帝的成就也表现在开疆拓土、威名远播上。自大汉建立至汉武帝即位,这几百年间大汉与匈奴的战争从未停歇,而这也是让汉武帝觉得最棘手的事情之一。

刘彻继位后,改变一直以来的对外政策,积极做好抵御匈奴的准备。建元三年，汉武帝派张骞出使西域，主动联合大月氏国，打击匈奴。

建元六年，匈奴请求和亲，刘彻召集百官廷议。廷议过程中，汉武帝深知与匈奴和亲的利害关系，但是汉朝现在的硬件设施准备得还不充足，如果和匈奴硬碰硬，势必会两败俱伤，于是汉武帝勉强同意了和亲。

元光二年，汉武帝再一次决定攻打匈奴，开始了与匈奴长达几十年的战争。他任命大将军卫青、霍去病等几员猛将，在几年的时间里，收复了漠南、漠北、河西、河南地等大部分地区，开拓了汉朝的疆土，巩固了封建统治。

汉武帝给了匈奴致命一击，制止了匈奴的野蛮掠夺，维护了汉朝边郡的先进农业生产。此外，张骞出使四域，虽然没有达成联合大月氏抗击匈奴的目的，但是对大西北的开发起到了举足轻重的作用，不仅斩断了匈奴右臂，而且打通了通往西域的道路，形成了沟通古代欧亚的"丝绸之路"。

汉武帝统治期间，还完成了对东南和南方的统一和对西南地区的开发。元封三年，汉武帝又发兵东北，降服了高句丽等郡，进一步加强了朝鲜与中原的经济文化交流。从此，武帝威震四方。

汉武帝是一位深明大义、具有远见卓识的军事家、政治家，在其统治末期，可以看到以前政策中的错误，也标志着武帝一生政策的一次大的转折。自省之后，他改变了先前的政策，采取与民休息、思富养民的安抚政策，经过两年的不懈努力，社会趋于安定，又开创了"昭宣中兴"、媲美文景的繁荣盛世。

到此时，汉武帝已经是日落西山。后元二年，汉武帝一病不起，在五柞宫驾崩，谥号"孝武皇帝"，葬于茂陵。

"柔仁好儒"的汉元帝

> 人物名片

汉元帝刘奭（前75—前33），属马，是刘询和嫡妻许平君生的儿子。在他出生几个月之后，他的父亲即位做了皇帝。两年后，母亲许皇后就被霍光的老婆霍显毒死了。霍光死后，地节三年四月，刘奭被立为皇太子。黄龙元年十月，宣帝逝世，刘奭继位，在位16年，病死。刘奭谥号为"元帝"，庙号"高宗"。

人物风云

刘奭是汉宣帝刘询的大儿子，母亲是许皇后。汉元帝是一位柔弱君王，他在位期间，西汉王朝逐渐衰落。

幼年的刘奭柔仁好儒，而宣帝素来杂用霸、王二道，而刘奭偏好纯儒，作为父亲，汉宣帝觉得儿子是一个性格懦弱的储君，恐怕他不能知人善用，将来会是一个低能的皇帝。宣帝恐怕刘奭不能够继承重任，曾有意更换太子，又顾念与许皇后的夫妻情分，无奈之下还是把皇位传给了刘奭。

果如宣帝所料，元帝即位后，立即下诏改变了前皇帝的"杂用王霸"的传统，主张独尊儒术，尊师崇儒的政策。天下立刻变了一个样，就连朝廷的大臣大多也都是他的师傅和学生。

元帝大肆重用儒生，对他们委以重任，国家大事也召见他们来商议。在汉元帝起用的儒生里，有不少人的性格极其耿正，这些人敢于进谏良言。元帝重视儒学，以仁德治天下，因而对于那些敢于直言进谏的儒生多不怪罪。元帝在位期间，大臣中多是汉代颇具盛名的经学大师。汉元帝整日与这些人混在一起谈论儒学，对政事漠不关心，朝野上下对元帝怨声载道。

这还不是最可气的，元帝不仅尊师重儒，还宠奸任佞，许多奸佞小人云集于朝廷要枢，对于这些小人，元帝还宠信有加，言听计从。其中最主要的一个人就是石显，他依仗着元帝对他的宠信，掌握着朝政大权，形成以自己为核心的党羽，为非作歹，无恶不作，一直到成帝即位。

元帝统治期间，匈奴的势力也逐渐衰落，边郡处于相对安宁的状态，不过有时也会发生一些小矛盾，但都能够及时得到处理。对于怎样处理边境问题，元帝也总是召集大臣进行商讨，昏庸的元帝对于这件事提不出自己的见解，对于大臣的讨论，往往采取在争论中占上风的人的意见和主张。

在武帝开拓南疆时，曾经在今海南岛屿增设珠崖、儋耳二郡，因为汉朝官僚对百姓进行残酷压迫，苛捐杂税繁多，徭役繁重，经常遭到百姓的武装反抗。

元帝在位第二年，珠崖山南县百姓受不了压迫，起兵反汉，好几年才得以平定。元帝曾召集群臣进行商讨，本想调重兵前去镇压。更可笑的事，汉元帝竟然采纳了贾捐之的主张，出于"仁道"，决定放弃海南珠崖郡。初元三年，元帝下诏宣布现罢除珠崖郡，郡中百姓若愿意属汉，朝廷一定妥善安置，若不愿属汉，也不相勉强。就这样，叛乱算是安抚下来了。永光二年秋，陇西郡首领反叛汉朝，元帝再一次召集大臣们讨论对策。这一次不同，双方僵持不下，元帝听双方讲的都很有道理，最后投票决定，票数多的一方取胜。最后的决定是冯奉世率军进军陇西郡，于当年年底总算是平定了羌人的叛乱。

汉元帝的成功之处表现在外交政策上，在元帝在位期间，大汉与北方的匈奴重修旧好，胡汉和亲。元帝即位的时候，匈奴势力已经衰弱，加之内部矛盾不断。呼韩邪单于归顺大汉，汉元帝输送粮草进行支援，单于感恩戴德，要求与汉朝和亲，元帝倍感欣慰，欣然答应。将王昭君赐予呼韩邪单于，而后就有了历史上著名的"昭君出塞"。

汉元帝为振兴国家，维护统治，也采取了一些利国利民的政策，但最终因为积弊太深，而元帝本人又柔弱无能，再加上奸臣当道，听信谗言，未能如愿。

元帝晚年，身患重病，对于政事更是力不从心，再加上他生性柔弱，贪图安逸，就更无心管理朝政。由于他不喜欢皇后和皇太子，所以另立储君的欲望也在他心中滋生，但是遭到了大臣们的反对，大臣跪着哭诉请元帝打消念头，表示愿意辅佐皇太子，只要皇上改变主意，元帝看到这种情况，痛苦难耐，渐渐地就放弃了易储之念。

五月，元帝死在未央宫里。元帝在位仅有16年，终年也只有43岁，死后被葬于渭陵，谥号"孝元皇帝"。平帝元始四年，尊庙号为"高宗"。六月，太子刘骜即位，就是汉成帝。

无力挽救危局的汉哀帝

> 人物名片

汉哀帝刘欣（前25—前1），系元帝之孙，出生时伯父成帝在位，父亲刘康为定陶（今山东定陶）恭王，母亲丁姬为恭王妃。他出生后，由祖母定陶傅太后（即元帝傅昭仪）抚养。3岁时，父亲去世，即嗣立为王。他自小受到良好的教育，"好文辞法律"，知识比较丰富。然而，按规制皇帝之位本来是和他无缘的，但历史的巧合使他得以进身。从而登上九重高位，成为一代君王。

> 人物风云

刘欣身为藩王，一般是不能做皇帝的。但由于成帝一直无子，他便有了机会。元延四年（前9），成帝因无子决定议以藩王为太子，所议人选一个是其少弟中山王刘兴，一个就是刘欣。正好这时中山王和刘欣都来入朝，成帝就借机对二人进行考核。刘欣入朝有太傅、国相、中尉陪同，中山王却只有太傅侍从。成帝首先考问刘欣："为什么把太傅、国相、中尉都带着入朝？"刘欣回答说，按规定诸侯王来朝可由国中二千石官陪同，傅、相、中尉都是二千石官，所以就让他们陪着入朝。成帝又让刘欣背《诗》，他不仅背得非常流畅，还能解说其中意义。而成帝考问中山王为什么只带太傅一人入朝，中山王却回答不出。让他背《尚书》，也背不出。以后赐宴，中山王又很贪吃，以致吃得太饱不得不把裤带解开。这样一来，成帝深感刘欣有才，再加上祖母傅太后偷偷送了许多财礼给成帝宠爱的赵皇后和外戚骠骑将军曲阳侯王根。第二年，成帝就下诏立刘欣为太子。

刘欣被立为太子后，并没有得意忘形，他反而向成帝谦让说：我的才能还不足以任太子，陛下您圣德宽仁，肯定还会有儿子。我现在只愿意在您身边朝夕奉问，一旦您有了圣嗣，我就归国守藩。成帝听了以后更加高兴，于是下诏立楚孝王孙刘景为定陶王，奉恭王祀，以奖励刘欣太子。不久，年和二处（前7）三月，成帝猝然驾崩，刘欣继承皇位，是为哀帝，时年19岁。

哀帝以藩王入继大统后，头脑相当清醒。他深知西汉王朝正潜伏着巨大的统治危机：一方面外戚王氏把持着朝中大权，不断收买人心，网罗死党，觊觎着汉家天下；另一方面官僚、贵戚又不恤国事，生活奢侈腐朽，人民怨声载道。哀帝在位七年，几乎是竭尽全力试图来挽救危机，力图起死回生。

即位伊始，哀帝就针对王氏专权，极力削夺其权。不过，他的政策是又拉又打。即位之初，他曾以曲阳侯王根以前为大司马定策立自己为太子有功，太仆安阳侯王舜辅导有旧恩，新都侯王莽忧劳国家，增封王根二千户，王舜五百户，王莽三百五十户。但不久就使司隶校尉解光劾奏王根、王况（王根之侄），然后下诏遣王根就国，免王况为庶人。又过了两年，哀帝命有司奏王莽前为大司马贬抑尊号之议有亏孝道，及平阿侯王仁（王谭之子）藏匿赵昭仪亲属，皆使就国。但哀帝也不把事情做绝，他在削弱了王氏权力后，对他们还保留了一定的待遇。不久，他就重封王商次子（长子为王况）王邑为成都侯。元寿元年（前2）因日食，又征王莽、王仁还京师侍王太后。经过这一番努力，尽管王氏还有不少羽翼，但朝中大权已基本被夺回到哀帝手里，王氏的气焰也受到沉重打击。

哀帝在削夺王氏权力的同时，即封拜外家丁、傅之属，任命丁明为大司马骠骑将军、丁望为左将军、傅喜为右将、傅晏为大司马等。但哀帝封拜丁、傅目的是削夺王氏权力，他也并不把实权交给他们，只是使其尊贵而已。

在削夺王氏权力、抓紧皇权的同时，哀帝也极力试图缓和阶级矛盾。他一即位，就下诏罢乐府官，以求百姓节俭。接着，又针对土地兼并盛行、奴婢数量猛增现象，下诏议限民田宅和奴婢数量。同时，还下令罢止齐国三服官（管理制造丝织服装的官员）。但形势积重难返，贵戚、大官僚为了维护既得利益，对此都表示反对，哀帝只好下诏暂缓实行。

改良不行，哀帝又试图在精神上搞欺骗，演出一场"再受命"的闹剧。所谓"再受命"，就是汉王朝继汉高祖得到天命代替秦王朝后，又再次得到天命，以继续统治。于是在建平二年（前5）就下诏宣布，把建平二年改为"太初元将元年"，自己改称为"陈圣刘太平皇帝"，从而表明已经"再受命"了。但这套把戏不仅欺骗不了多少人，还给人一种汉家真是气数已尽的感觉，就连哀帝自己也觉得荒唐。所以，仅仅两个月后，哀帝就下诏宣布：这种"再受命"违经背古，不合时宜，予以废除。至此，哀帝可谓回天乏术了，汉王朝统治的衰弱也正始于此。

哀帝生活上较为俭朴，不好声色。他即位不久，就针对当时靡靡之音盛行之风下诏罢乐府官，并反对贵戚生活奢僭。而且，他在宫中也没有广立嫔妃。哀帝除了皇后，只立有一个昭仪，即董昭仪。皇后即傅皇后，系哀帝祖母傅太后的从弟傅晏之女。哀帝为定陶王时，傅太后为重亲配以成婚，哀帝立为太子后，被立为太子妃，哀帝继位，即立为皇后。

其实，汉哀帝是有成为明君的能力的，刚一登上帝位，他就看到了西汉政权的弊病，马上开始大刀阔斧进行处理，他将各种权力都牢牢握在自己的手中，同时，他也充分考虑到了百姓的利益和诉求，对各个诸侯、官员都有较大的限制，无论是宫内的太皇太后，还是太后，屡屡想要左右他的行为，他都有办法化解。

汉哀帝在位时的西汉，土地兼并严重，自然灾害不断，外戚专权，社会动荡不堪，其实已经逐渐走入了危局。如果他生在汉景帝、汉武帝的时期，那么他所做出的功绩未必会逊色于这两位皇帝。然而，历史是不能靠假设进行的，无论汉哀帝刘欣如何努力想办法，都逆转不了历史的车轮。

西汉的气数已经快要走到尽头，汉哀帝的一番争取，只能是西汉最后的挣扎。他是一位很有才能的皇帝，也采取了限制土地和限制奴隶的政策，废黜乐府，对朝中的官员进行大力调整，将权力都收回到自己的手中，但还是不能改变历史。

哀帝有难言的苦衷。当时，西汉王朝已陷入严重的统治危机，虽然试图竭力挽救，结果却都失败，这使他对前途感到恐惧。另一方面，朝中派系林立，鉴于王氏专权，他对哪派都不放心，也只有董贤没有帮派使他最为放心；同时他通过抬高董贤的地位，不仅可以压抑朝中各派势力，而且可以更加强调皇帝生杀予夺的权力。

汉哀帝把希望寄托在完全不合适的董贤身上来维持自己的统治，也太过悲哀了。就是在这样内外交困之中，哀帝于元寿二年（前1）六月病故。哀帝共在位7年，享年26岁。谥"孝哀皇帝"，葬义陵（今陕西咸阳西北）。

傀儡帝王刘协

人物名片

刘协（181—234），字伯和，又字合。汉族，祖籍沛县（今江苏沛县），出生于洛阳。汉灵帝死后，刘协即皇帝位，即汉献帝，刘协是大汉朝的最后一位皇帝。公元196年，汉献帝被曹操控制，迁都许昌，曹操"挟天子以令诸侯"。公元220年，曹操去世，继而，刘协又被曹丕控制，在被逼无奈之下禅位于曹丕。青龙二年（234），刘协薨逝，享年54岁。

人物风云

在刘协很小的时候，他的生母王美人就被何皇后毒死了，汉灵帝害怕他受到奸人毒害，于是把他交给了董太后，希望董太后可以将他抚养成人。汉灵帝在世的时候，就很喜欢刘协，也是因为刘协乖巧懂事、心存仁厚、聪明好学的缘故，而对于何皇后的儿子刘辩心生厌弃，在汉灵帝看来，刘辩轻佻且无威仪，而汉灵帝的母亲董太后也不止一次地劝说汉灵帝立刘协为皇太子，故将来传位于刘协。后宫不稳，则前朝不安，汉灵帝顾忌到外戚何氏家族的势力及违背立嗣立嫡长为先的祖制，总是犹豫未决。

当时汉灵帝意欲立刘协为帝，中平六年，灵帝在弥留之际把刘协托付于宦官蹇硕，以图在汉灵帝驾崩之后先杀死何进之后再立刘协为帝，不幸的是蹇硕诛杀何进的计谋被何进所知。

之后，刘辩在何进和何皇后的拥护之下登基称帝，册封刘协为渤海王，之后又封为陈留王。不久，何进遭到十常侍的暗杀，袁绍一行人借势闯入皇宫诛杀了宦官，刘协和少帝刘辩也被宦官张让等人劫持出宫。后来得幸被大臣救出。在回宫的路上遇到董卓的军队，董卓与刘辩谈话，刘辩语无伦次，继而再与刘协谈话，刘协则把事情的来龙去脉说得很清楚。董卓看得出刘协是一个有远大抱负的人，而且一直为董太后抚养，而董卓认为自己和董太后是同族，所以产生了废立的念头。董卓控制朝廷之后，为了立威，废黜汉少帝刘辩，同年九月拥立年仅九岁的刘协称帝，即汉献帝。之后，董卓杀死了何太后，"挟天子而令诸侯"。在关东诸侯发兵讨伐董卓的时候，董卓一把火烧了洛阳城，挟持了汉献帝刘协，迁都长安。

公元192年，董卓被王允与吕布等人刺杀之后，王允晋封录尚书事，吕布任奋威将军的职务，二人一同主持朝政，即便是这样，也没能维持住关中动荡的局势。在不到一个月的时间里，董卓的残余部将李傕等人就打败了吕布，攻占了长安，杀死了王允，所以东汉政权被李傕等人控制了。李傕被升为车骑将军、开府、领司隶校尉、假节、池阳侯，之后不久，李傕又升为大司马。

兴平二年，李傕杀死了樊稠，与郭汜反目，两个人自相残杀。汉献帝刘协趁着李傕与郭汜两个人内讧之际偷偷逃出了长安城，在杨奉与董承等人的保护之下，暂时进驻于安邑。第二年，兖州刺史曹操迎接汉献帝刘协进驻于洛阳城，曹操立下大功，汉献帝刘协为了嘉奖曹操，特赐曹操节钺，这就标志着曹操"奉天子以令不臣"的时代正式开始了。以曹操野心他怎可能之甘心于此，之后，曹操胁迫汉献帝刘协迁都到许，后将许改名许都。刘协仍然只是一个毫无实权的傀儡皇帝，真正的实权在曹操的手里。虽然曹操想要借助刘协来实现他一统天下的目的，但他始终不敢取而代之。

建安五年，汉献帝刘协因为不满曹操独揽大权，再也不甘心只做一个傀儡皇帝，于是暗自下衣带诏，命令董承想办法杀死曹操。于是，董承和左将军刘备、长水校尉种辑、将军吴子兰、王子服等人一起商议，不料事情被董卓得知，心生杀念，董承被曹操诛杀，就连已经怀孕的董贵人曹操也不放过。伏皇后因为对曹操不满，就写信告诉她的父亲伏完，细数曹操种种残暴不仁的行径，希望父亲能够效仿董承，设法铲除奸佞之臣，但是伏完畏惧曹操的势力，始终未敢行动。

建安十九年，伏皇后联络自己的父亲伏完要诛杀曹操的事情败露，曹操就要挟汉献帝刘协废黜伏皇后，竟然代替汉献帝写好了废黜皇后的诏书。紧接着，曹操就派御史大夫郗虑携着诏书，和尚书令华歆一同带兵包围了皇宫，目的就是搜捕皇后。伏皇后惧怕，藏到夹墙里，被华歆拖出之后。皇后披头散发，赤脚走出来，跪着向汉献帝刘协哭诉求救，汉献帝刘协一脸无奈地说："朕对于自己的命运都无从掌握，也不知道自己的生命何时会终了呢！"回过头来说："郗公！天底下会有这样的道理吗？"后来，伏皇后因为幽闭而死，刘协和她生的两位皇子也被曹操灌下毒酒，伏氏家族的一百多人被处死。建安二十年，曹操威逼汉献帝刘协立自己的女儿为皇后。

延康元年，魏王曹操逝世，而他的儿子曹丕野心不输于曹操，自认为在北方的地位已足够稳固，企图代汉自立，同年12月，曹丕逼迫汉献帝刘协禅位，汉献帝刘协告祭天下宗庙，禅位于曹丕。在繁阳亭，曹丕登上受禅坛，接过玉玺，登基做了皇帝。之后，迁都许都，改年号黄初，国号魏，追尊父亲曹操为武皇帝，庙号太祖。废汉献帝为山阳公，曹皇后为山阳公夫人，将他们赶出了皇宫，但是仍可使用汉天子礼乐。

当时民间流传说汉献帝刘协被曹丕暗杀，借此，刘备凭借汉室宗亲的身份登基做了皇帝，建立了蜀汉，并追谥汉献帝刘协为"孝愍皇帝"，魏明帝青龙二年三月庚寅刘协去世，魏明帝身穿素服为他发丧，以大汉天子的礼仪葬于禅陵，谥孝献皇帝。

后宫参政，激起波澜

吕后与她的"宫心计"

> 人物名片

吕雉（前241—前180），名雉，字娥姁，通称吕后，或称汉高后、吕太后等等。作为汉高祖刘邦的妻子，吕雉是一位有抱负、有作为的政治家。她可谓是中国历史上第一个临朝称制的传奇女性。之所以这么说，是因为刘邦在位期间，吕雉帮助他推行"与民休息"政策，对汉初经济的恢复与发展都起到了不容小觑的作用，帮助刘邦完成了统一大业。虽然后来，吕雉犯下封王诸吕的严重错误，使朝廷陷入混乱，政治陷于紧张阶段，但是吕雉的功勋是不可以被淹没的。吕雉的一生，既有功绩也有过失，却给中国历史上留下了生动的一页，并为"文景之治"打下基础。

> 人物风云

汉王刘邦于楚汉之争中打败了西楚霸王项羽，建立了大汉王朝。刘邦登基做了皇帝，作为结发妻子的吕雉顺理成章被册封为皇后，儿子刘盈被立为太子。也就是从这个时候起，吕雉的政治生涯开始了。

吕雉跟随刘邦征战多年，经历了重重磨难，艰难的环境磨砺了她的意志，看惯了杀戮、鲜血和白骨如山的她，慢慢变得冷漠，不近人情，一颗心也慢慢冻结成冰。在吕雉辅佐刘邦治理天下这七年期间，为了加强政权，打击封建势利，巩固中央政权，完成统一，一连杀害了好几员大将，其中以韩信、彭越为首，起到了杀鸡儆猴的作用，立下了权威，就连刘邦都为此感到毛骨悚然。吕雉并不甘心于眼前的荣耀和权势，她深知如果刘盈的太子之位保不住，那么她以后的生活将会十分艰苦。为了得到想要的一切，更是心狠手辣，不惜一切代价。

刘邦生性好色，拈花惹草，时常让吕雉独守空闺，好几个月见不到一面。吕雉心生恨意，对别的妃嫔及她们所生的孩子都一并不能饶恕。"最毒妇人心"在吕雉身上得到了充分地体现。

说及太子刘盈，生性软弱的他不得汉高祖的欢心，在处理朝事方面也力不从心，常常事倍功半，刘邦担心自己历尽千辛万苦打下的江山毁于一旦，另立太子的想法愈演愈烈。相反，刘邦最喜欢的女人戚姬的儿子如意，生性活泼，机灵懂事，深得刘邦的喜爱。为此，刘邦想废掉太子，重立储君，并多次在朝堂之上提及此事，虽遭到几位老臣的劝说和阻拦，但是刘邦废太子的欲望也越来越强烈了。

吕雉心知事情不妙，非常慌张，急忙找来自己的哥哥建成侯吕释之来商议，在建成侯的建议之下，吕雉找到了足智多谋的张良，请求他出谋划策。一来，是因为皇帝器重张良，很是信任他，对他也很敬重；二来，是因为吕雉料中了聪明绝顶的张良畏惧于自己的权势不会拒绝她。果不其然，张良在吕雉的威逼之下，虽没有直接向皇帝进谏，却为吕雉献出了良计：朝中有四位元老，因为惮于朝堂之事，告老还乡，颐养天年。如果可以把他们请来辅佐太子，并让他们随太子入朝进谏皇上，皇帝看到一定很是欣慰，觉得太子礼贤下士，重情重义，善于用人，还是可以诱导的。皇上自然就会打消废太子的念头了。吕雉按照张良的计策一一执行，让太子亲自写了一封信告慰四位老臣，然后派人带着金玉璧帛，不远千里去接他们，果然不出所料，四位元老甚是感动，满心欢喜地答应了。

公元前195年，刘邦在外征战，中箭受伤，久治不愈，自知身体大不如前，然而废太子的意愿从没有停止过，碍于张良从中周旋，才一直未能如愿。现在太子有了四位元老的辅佐，刘邦对太子的看法也有了很大的改观，才彻底打消了废太子的念头。从此以后，吕后的地位得到了巩固，积极拉拢朝廷大臣，她的势力也越来愈强大。可以说是呼风唤雨，愈来愈不把刘邦放在眼里。

刘邦死后，刘盈即位。但是刘盈徒有皇帝的虚名，并无皇帝的实权，而真正的大权掌握在吕雉手中。为了巩固实权，他开始培养吕氏家族的人总揽大权，并排除异己，永绝后患。直到此时，吕雉还是担心赵王如意会夺权篡位，于是设计将赵王杀害，并将戚夫人关进永巷，过着生不如死的生活。刘盈为失去手足伤心欲绝，忧郁成疾，一病不起。一年之后，刘盈就死了。

刘盈死后，小儿刘恭即位。唯一的儿子死了，吕雉悲痛万分，悲痛之余还有一丝欣慰，因为他的梦想终于要实现了——临朝称制，吕雉独揽大权，自此，吕氏集团势力达到鼎盛的状态，超过了刘氏家族。

公元前180年，吕雉病死，她死后，吕氏政权也随即土崩瓦解。吕雉的一生叱咤风云，为了巩固政权，手段之狠毒让人战栗，心肠之毒辣让人心寒。但是，为了维护政权，她也推行了一系列的利国利民的政策，使百姓安居乐业，国泰民安，政绩不容忽视。吕雉的统治，为"文景之治"的繁荣奠定了雄厚的基础。

"农妇"也能变凤凰——薄姬

人物名片

薄姬（？—前155），是汉高祖刘邦的嫔妃，也是汉文帝刘恒的生母。刘恒登基为帝后后，尊称自己的母亲为太后娘娘，就是历史上的薄太后，是汉朝传奇女子之一。

人物风云

薄姬出生在苏州，她的母亲则是魏国宗室的女儿魏媪，未婚先孕，随后便生下了她。

魏媪自己一个人把一双儿女含辛茹苦地拉扯长大，在这个乱世之中艰难的生存。秦朝的时局就已经动荡不堪。这种局势下，各路地方诸侯纷纷起兵，都想趁着乱世，展示自己的雄才伟略，当然也有一些浑水摸鱼之辈，企图在这个情况下，能够得到地位或者是恢复自己的旧番邦。魏国宗室魏豹就是这个行列的其中之一，他在自己的封地自立为王。

这个时候的薄姬已经长成了一位清丽脱俗的少女，而魏媪的心中本就是对自己的国家念念不忘，现在看见魏豹起兵兴复魏国，于是将自己心爱的女儿给魏豹做了小妾。

而在当时有一位著名的相士名为许负，魏媪请他来为自己的女儿薄姬占卜，看她在这个魏宫之中能否有所成就。这许负一见到薄姬，激动无比，并且说道："这个小小的王宫算得了什么，您的女儿以后会是天子的母亲，她会成为最尊贵的皇太后！"

许负的相术在民间也是出神入化，人们对于他说的话深信不疑，这也是世人对他无比推崇的原因。而魏媪听到他这么说，顿时心花怒放。魏豹得知这个消息后，心中也是无比的惊喜，薄姬现在是自己的小妾，她以后所生的儿子自然也是自己的儿子，既然这样，是不是上天预示着自己可以舍命搏一搏。而魏豹也是说到做到，背弃了和刘邦之间所订下的攻楚盟约，转变为中立的态度，静观其变。魏豹的如意小算盘打得是不错，或许他根本就不会知道，薄姬虽有天子之母的命运，可是她怀的却不是他的孩子。

刘邦对于魏豹的违背盟约的做法非常气愤，就连自己的劲敌都无暇顾及，只是想着要将这个背信弃义的小人给解决掉，于是便命自己的亲信将领曹参带领着部队进攻魏豹，大有不灭魏豹不罢休的气势，而魏豹的兵力在刘邦面前就是小巫见大巫了。在这种强势的压力下，魏豹只好举手投降，心中对那个占卜先生诅咒万千。而魏豹兵败之后，他的所有的妻妾们都被俘虏，并且他们也没有资格去充当刘邦的妃嫔，只是在宫中做一个卑微的婢女，于是她们全都被送进了汉宫的"织室"，薄姬以为自己会这样了此一生。但是，有一天，刘邦突然想到了这些被他俘虏过来的魏宫姬妾，于是便想着去织室看看她们。而就是这一看，便改变了薄姬的命运。刘邦瞧见魏豹的妃嫔中还有不少姿色不错的宫人。于是刘邦便从中选出了一批姿色不错的人充斥自己的后宫。这个时候，也在此行列的薄姬以为自己终于时来运转，但是薄姬本身姿色并不是特别出众，再加上当时的强悍皇后吕雉的干预，这让薄姬自入宫以来就没有得到过刘邦的正视，甚至已经将她遗忘。

汉高祖四年间，刘邦带着自己的宠妃管夫子和赵子儿一同来到了河南成皋灵台，因为这两个女人在这段时间内得到了刘邦的欢心，便得意忘形，在闲聊时又想起了与薄姬所订下的誓言，两人感觉薄姬非常的可笑愚蠢，对她都是嗤之以鼻。刘邦在旁边也听到了一些消息，但是却糊里糊涂，又看见这两位嫔妃笑得花枝招展，于是便将她二人叫到自己的面前，询问缘由。管夫人和赵子儿只好将自己和薄姬之间的约定仔仔细细地说给刘邦听。刘邦听后，顿时对她们心生厌恶，却对她们口中的薄姬充满了同情，而薄姬也算是因祸得福，因为自己交友不慎，也让刘邦对自己加以注意，也得到了宠幸的机会。

就在刘邦宠幸薄姬的头天晚上，薄姬做了一个很奇怪的梦，梦里有一条龙，一直盘踞在自己的身上。薄姬对于自己的这个梦惊诧不已，却又忽然听到宫人说自己今天晚上要侍寝的消息，于是薄姬也就把自己的这个梦境讲给了刘邦。刘邦听后，非常高兴，把这件事情看作是天定的缘分，他对薄姬说："这个梦预示着你将要富贵呀。"

刘邦虽然是这么说，但是薄姬平凡的容貌并没有吸引到他，一夜的宠幸也只是因为对她的同情和可怜，所以经过这一夜之后，薄姬的生活看似已经回到了原点，但是值得庆幸的是，一夜之间，薄姬竟然怀上了刘邦的孩子，从此之后，薄姬在深宫之中就带着儿子孤苦地生活。

刘恒八岁那年，汉朝的开国皇帝汉高祖去世，而长期受到压制的吕后进行了她疯狂地报复，特别是对于刘邦生前的宠妃戚夫人，相传吕后对她实行了人彘的惩罚。但是吕后却对薄姬网开一面，并没有多加为难，不仅是因为薄姬和她自己一样都不受刘邦的宠爱，也是因为薄姬进汉宫的数年间都保持着低调的生活，处事小心谨慎，没有参与到后宫的争斗中，正是因为这样，才躲过了吕后的摧残。吕后还将她们母子俩送往刘恒的封地，史称代王，而薄姬则是成了代王的太后，地位仅次于吕后。

刘恒当时只有八岁，薄姬也就成了代国真正意义上的主宰者，一时之间，荣盛至极，这让过惯平凡生活的薄姬有点不习惯，于是她还是按照从前的状态生活，刘恒就是她的全部，对他尽心尽力的教导和爱护，闲暇时，看看代国的大好风光，日子过得逍遥自在。

代国母子俩的日子悠闲，而汉宫却已经处在了惊涛骇浪之中。

在刘邦死后，吕雉对于威胁自己权势的人进行了一次"大清查"，而最后，刘邦的儿子只剩下了代王刘恒和淮南王刘长。吕雉去世，要另立新王，为了防止外戚专权，只能慎重选择，淮南王刘长的外戚不少，并且平时的作风也都是为世人所不齿的，最后经过一番思量，大臣们将目光锁定在了代王刘恒的身上，代王刘恒的母亲薄姬家族单薄，而他们母子俩一向以克己谨慎闻名于世。两相比较之下，心中也便有了主意。

在代国生活安逸舒服的刘恒，却怎么也不会想到，整个汉朝的天下将交于他的手上。公元前180年的九月，刘恒已经24岁，汉宫派遣使者来到代国，告知了他来此的目的，刘恒听后，几乎怀疑自己的耳朵，对于现在的生活，他已经非常满意，这种天大的好事怎么会落到他的头上。经过和他臣属的一番讨论，都感觉这是一个很大的阴谋。

他的母亲薄姬对此却是深信不疑。而薄姬深信卜筮之术，为了以防万一，薄姬便让刘恒用占卜星象的方式来决定。占卜的结果便是上上大吉。这让刘恒的心放轻松了一些，随即便让自己的舅父薄昭跟着使者去汉宫打探情况，直到舅父给刘恒带来肯定的答复，他才轻装骑马前往都城长安。

虽然刘恒的心没有先前那么恐慌，但是到长安城外五十里外的时候，他又派自己的属下进宫打听虚实，真正确信无疑后，刘恒才放下心来去渭桥与出城迎接的大臣们相会。就这样，刘恒在大臣们的簇拥下，坐上了君王的宝座，成为大汉朝的第五代帝王，亦是被人们称颂的千古明君。

刘恒登基后，史称汉文帝，尊称薄姬为皇太后。

汉文帝不仅是一个贤明的君主，他还是一个孝子，在我国影响深远的二十四孝故事中，汉文帝刘恒仅次于舜帝，排在第二位。据说，薄太后曾经生过一场重病，一病就是三年，而文帝则是三年如一日的守护在自己母亲的身旁，药品也是经过他的亲自尝试，才会端给自己的母亲喝，这也是一代帝王的佳话传奇，汉文帝在位的二十三年中，对自己母亲的孝心从未改变过。

公元前157年，汉文帝因病辞世，让薄太后面临着"白发人送黑发人"的悲痛，而汉文帝病重的时候，还不忘叮嘱自己的妻儿对自己的母亲要尽孝心。为此还把自己的陵墓安排在了一个"顶妻背母"的位置，仿佛刘恒一直背着自己母亲一样。两年之后，薄姬也去世，她的儿媳窦漪房按照自己丈夫刘恒的嘱托将自己的婆婆葬在了那个位置。

在很多人的眼中，吕后就是一个心狠手辣的女人，但是对于薄姬而言，吕雉便是她的恩人。因此薄姬生前并没有嘱托将自己的遗体与刘邦合葬，因为在薄姬的眼中，刘邦的妻子始终就是吕雉一人，她死后的陵墓就如同她生前一样，默默守护着自己的儿子和丈夫。

时间飞逝，那些在历史长河中驻留的人，用自己的方式留下自己的印记，薄姬的人生虽然平淡无奇，一些原有的悲壮豪情在她的身上都没有体现，但是她却生下了汉朝最有声望的君王，她的教导和培养与后来的汉朝兴旺是密不可分的。

汉惠帝孝惠皇后张嫣

人物名片

汉惠帝刘盈的孝惠皇后（前201或前202—前163），孝惠皇后名为张嫣，字孟瑛，小字淑君。她的父亲张敖乃是汉高祖时的赵王张耳的孙子，曾经被册封为曾封赵王、张王、宣平侯，而她的母亲则是即孝惠帝的亲姐姐鲁元公主。

所以说孝惠皇后乃是皇汉惠帝刘盈的外甥女,王家的女儿,所以,被称为"帝室之甥,王家之女。"

人物风云

张嫣被吕后册封为汉朝的皇后,10岁时以处子之身进入后宫,马上被封为皇后,母仪天下,年仅十岁。但是,她在宫中生活了27年,却始终没有得到汉惠帝的青睐,也没有享受到正常的男女之间的欢爱,是史上最纯洁的皇后。这27年来,她在宫中孤独地生活着,委屈地守身如玉,36岁那年幽怨地离开人世,仍然是处子之身。

孝惠皇后张嫣是汉高祖刘邦和吕后的外孙女,也是汉惠帝的亲姐姐鲁元公主和驸马宣平侯张敖的生的大女儿。张嫣之所以会成为自己舅舅汉惠帝的妻子,就是因为吕后权势滔天,想让吕家人掌握大权,而利用张嫣则是为了更好的控制汉惠帝。她之所以嫁给母舅、汉朝的第二位皇帝惠帝,完全是宫廷权力争斗的产物,说白了是外祖母吕后为了控制惠帝、提高鲁元公主的地位而一手操办的。

张嫣,是作为汉惠帝刘盈有名无实的妻子,也是汉惠帝的外甥女和名义妻子,她也是史上第一位经过大婚册立后从由正宫门迎进来的皇后。自从她九岁嫁给自己舅舅的那天起,就已经注定了她以后那高贵而凄惨的宫廷生活。

汉高祖在位时,吕后的权利已经被压制到极限,等到汉高祖辞世后,吕后玩弄权术的野心得到了空前的膨胀,几乎已经达到了人性扭曲的状态。高祖刘邦驾崩后,长期受到压抑,人性已经完全扭曲的吕后肆无忌惮,大肆弄权。她如愿以偿地让儿子刘盈坐上了皇帝的宝座,成了大为汉朝第二位国君,史称汉惠帝。但是,汉惠帝并没有汉高祖的英雄魄力,遇事优柔寡断,犹豫不决,所有的朝政大事都由他的母亲吕后处理,在他的一生中,其皇帝之位如同虚设,他就是一个活脱脱的傀儡。一切军国大事都由太后决定不说,就连自己的婚姻大事也由不得自己做主,甚至自己的个人私事也被母后一手代办。当年汉高祖刘邦去世之后,相传刘邦的宠妃戚夫人就被吕后残害为"人彘",甚至还强迫年幼的汉惠帝"观赏",这件事情给汉惠帝心里留下了极大的阴影,让他的内心无比痛苦，精神上更是受到了极大的刺激，从此，一蹶不振，整日借酒浇愁，朝政也荒废下去，只要是吕后的要求和吩咐，他都会毫不犹豫地答应，不敢有丝毫异议。就是在这样的背景下，吕后促就了汉惠帝和自己外甥女张嫣的婚姻。

早在做太子期间，惠帝身边就已拥有众多的嫔妃，但是登基后从礼法上讲他还没有正式的妻子——皇后。工于心计的吕后对于这件事自然不放心让惠帝独行，也不愿意让外人插手。她考虑来考虑去，最终却选中了自己的亲外孙女、鲁元公主的女儿张嫣为汉朝的第二位皇后。当时的汉惠帝刘盈只有19岁，而皇后张嫣则是年仅10岁！在我们今天看来，就是这是一场乱伦的闹剧，舅舅怎么可以娶自己的外甥女为妻呢，他们是长辈和晚辈的关系，有着很近的血缘关系，无论如何也不能结为夫妻的。但是，在那时的礼法中舅舅和外甥女的关系并没有写在五伦之内，并且这种礼法并不是汉代才有的，舅舅娶外甥女的事例古已有之，晋文公曾就曾娶过姐夫秦穆公的女儿怀嬴为妻，但是，后人之所以将晋文公娶怀嬴称之为"逆伦"，其主要原因在于怀嬴曾经是晋文公的侄媳妇，而并不是因为他们之间的血缘关系。并且，事实上，怀嬴也并不是晋文公的亲姐姐嫡姐秦穆夫人所生的，所以，这样看来，这两个人之间就不存在血缘关系一说了。

公元前192年，鲁元公主的女儿张嫣在经过一系列的问名、纳彩等麻烦程序之后，在吕后的操持下，与汉惠帝举行了大婚仪式，正式被册封为皇后，时年仅10岁。张嫣，长相比较娇小柔美，她的身家背景更是尊贵无比。出身高贵的她犹如娇花含苞，一进皇宫就被封为皇后，受尽了荣华富贵，同时，又过着非常凄苦的生活。不过，汉惠帝和张嫣虽然经过大婚正式成为夫妻，但是又因为张嫣的年龄太小，并没有行所谓的夫妻之礼，而汉惠帝刘盈则是对此庆幸不已。因为从他的内心来说，这场闹剧他是不愿接受的，而这个恰到好处的理由正是给了他喘息的空间，不用再面对自己母亲的逼迫。汉惠帝刘盈是一个饱受吕后精神折磨的皇帝，对朝中大事无兴趣，再加上舅舅和外甥女这样的夫妻组合，让他感到非常的不适，所以，他宁愿天天和自己的妃子、宫女甚至是男宠在一起寻欢作乐，也不愿亵渎他的小外甥女。在婚后三年，汉惠帝因为身体上和精神上的双重折磨下，便带着一生的郁闷和压抑离开了这个世界，年仅13岁的张嫣便成了有名无实的皇太后，远离朝政，孤独地活着。这种转变对于还年幼的就张嫣来说，并没有什么不适应，只是皇太后的称呼还是让她有点不习惯。可是当她长大成人后，知道了所谓的男女之情的时候，懂得了吕后让她进宫的意义所在了，她的身边早已没有了汉惠帝。

汉惠帝在世时，吕后就知道他不愿意宠幸张嫣，如今他已经去了，就更没有了机会。她考虑到如果张嫣没有自己的孩子，将来在后宫将难以站稳脚跟，这时，后宫的一位美人则是刚有身孕，真是天赐良机啊！于是吕后便又对外宣称汉惠帝生前已经宠幸过皇后张嫣，而后又让张嫣在人前假装怀孕，等过十月之后，便派人将那位美人的孩子抱来，由张嫣抚养，而那位美人则是被吕后赐死，这位刚出生不久的孩子被立为太子。吕后认为自己的计划是天衣无缝，其实大家都心知肚明，只是不愿意将让她的阴谋当面揭穿罢了。

过了不久，吕后带着自己的权势也离开人世，在周勃等一班朝中大臣的共同商讨谋划下下，平息了吕氏一族对皇权的威胁。在经过一段时间的整顿之后，汉文帝即位，封自己的生母薄姬为皇太后，张嫣的太后生涯也就此结束。她是中国历史上第一位被革去太后之位的，其实对于张嫣来说皇后或者是太后只是一个名义上的称呼而已，一生之中她并没有抓住一点的实权，像个布偶一样被吕后摆布，成了吕后巩固自己权势的牺牲品。

公元前163年，这位年轻的太后在宫中默默地死去，年仅四十岁，她是曾经无比风光地经过正宫门被迎进宫的皇后，也是一个孩子的"娘亲"，但是自始至终她还是初入宫时那个冰清玉洁的小女孩张嫣，她的一生是中国古代史上不可复制的凄美。在她死后，没有皇太后应有的葬礼，没有那墓志碑文，甚至连一个最起码的封号都没有，只是被人习惯性称为地称为孝惠皇后，哪怕是她的坟墓都是简简单单的，虽然简陋却只属于她，她的一生就像这个坟墓一样，外在看起来凄凄惨惨，但也有着别人向往的简简单单。

历经三代帝王的奇女子窦漪房

> 人物名片

窦漪房（前205—前135），她是汉文帝刘恒的皇后，汉景帝刘启的母亲。窦漪房出身贫寒，在她年少的时候以家人子的方式被选入宫中，成为吕后的宫女，随后吕后又将一部分的宫女派遣给诸王，窦漪房则是被分给了汉文帝刘恒，开始了她的传奇人生。窦漪房与汉文帝生有一女二男，女儿为馆陶公主，而她的长子刘启就是后来的汉景帝，而另一个儿子就是她最宠爱的刘武。

> 人物风云

窦漪房年少的时候生活比较清苦，她的双亲早亡，被葬在了窦漪房的家乡观津，薄太后则追封窦漪房的父亲为安成侯，母亲则是为安成夫人，并且还在窦漪房的家乡为他们修葺了一座陵园，这座陵园便是仿照薄太后父亲的灵文园建造，可谓是对窦漪房的最大的宠爱。

汉文帝刘恒还没有登基为帝的时候，他的结发妻子王皇后因病去世，留下了四个儿子，不幸的是，刘恒的四个儿子，也相继病死。公元前180年，刘恒登上至高无上的帝位，史称汉文帝。汉文帝继位不久，朝中大臣便集体上请求册立太子，在汉文帝的所有子嗣中，唯独窦漪房的儿子刘启年龄最大，性情也十分温和。于是，刘启被汉文帝册立为太子。同年三月，一些大臣又奏请汉文帝册封皇后。而薄太后的意见便是："诸侯之间都是同姓人氏，而皇后的人选则是太子的母亲最为合适。"所以，汉文帝便立太子之母窦漪房为大汉朝的皇后，她小儿子刘武则是被汉文帝封为代王，两年之后又被封为淮阳王，而他们的女儿刘嫖，也就是历史上的"馆陶长公主"。

因为窦漪房出身清贫，深谙百姓之苦，在她做皇后期间，与汉文帝刘恒在生活中处处节俭，就是为了减轻老百姓的负担，汉文帝继位后的二十三年间，他的宫苑衣服车马等竟然都没有增长，可谓是一个节约的好皇帝啊！到后来，窦漪房的两个兄弟，窦长君和窦广国因为认亲来到了长安，费尽周折，终于见到了自己的姐姐，也就是当时的皇后窦漪房。而汉文帝刘恒看到自己的两位国舅，心中十分欢喜，当时便分了不少的田地和房屋以供他们生存，并在长安给他们寻了一处很好的住所，留他们久居长安，当时的宰相灌婴和周勃都以为这两位国舅出身卑微，并没有受到很好的教育，应该让一些品行较好的老师对他们加以教导，以免让吕氏专权的悲剧再次上演，而窦漪房的两位兄弟也是为人谦逊有礼，从不敢以自己的身份尊贵自居，也没有一丝的骄傲自满之气，因此深得人心。

公元前177年，窦漪房在大病一场后，她的视力也逐渐下降，于是，汉文帝对她也慢慢地冷落起来，把目标转移到了当时的慎夫人身上。对于这件事情，窦皇后也是没有任何办法，只能在暗地里哀叹自己的命运悲哀罢了。但是就算这样，皇后终究还是皇后，慎夫人再怎么受宠也不敢做出过分的事情，慎夫人是汉文帝的新宠，深得刘恒的喜欢，所以常常是与窦漪房平起平坐。有一次出行时，上林郎官依照从前的习惯，将慎夫人的座位和窦皇后的座位平等的安置。中郎将袁盎看见此情景，立即命人将慎夫人的位置放到下席，慎夫人见状，大发脾气，不愿意在下席就座。而汉文帝刘恒也是怒气冲天，当即便带着慎夫人乘辇返回宫中，独留下了窦漪房一人。这次的上林之行，本来是高高兴兴地来，最后却是败兴而归。汉文帝对此十分的愤怒，中郎将袁盎则对汉文帝解释道，难道不记得戚夫人被弄成人彘的事情了吗？这句话的意思便是，既然窦漪房在这种情况下还能牢牢坐稳自己的皇后之位，并非是偶然，她有着自己的智慧和策略，如果慎夫人还是这样恃宠而骄的话，戚夫人的下场便是一个很好的例子。

公元前174年，当时的薄姬薄太后为了巩固自己娘家在朝中的地位，便想学着吕后的做法与皇家联姻，让未来的太子妃成为自己的娘家的人，而窦漪房便趁着这个机会，答应了薄太后的建议，就这样，进一步稳固了自己儿子的太子之位，也给自己的皇后宝座添加了一层保障，这是何等的大智慧啊！试想一下，如果当时慎夫人不知道收敛的话，无疑是以卵击石，自取灭亡。

公元前169年，当时的梁怀王刘揖不慎坠马身亡，窦漪房的小儿子刘武便代替他为梁王，历史上称之为梁孝王。刘武所在封地的地理位置十分的重要，这就是代表着窦漪房的后位是无可撼动的了，而对于汉文帝刘恒和窦漪房之间的感情问题，在后世人看来是一个谜，不过从汉文帝自此再没有宠信其他妃子的情况来看，帝后之间的感情应该是不错的。

公元前162年，汉文帝的八个儿子，只剩下了刘启和刘武两个儿子，窦漪房的地位彻底稳固。

公元前157年，一代帝王汉文帝驾崩，太子刘启即位，史称汉景帝，而窦漪房则成为皇太后，被人称之为窦太后。

窦太后对于自己的小儿子一向是宠爱有加，赏赐给他的奇珍异宝更是不可胜数，如果可以，恨不得将自己另一个儿子的皇位也双手捧在他的面前。刚开始的时候，汉景帝刘启对于这个同胞弟弟也是有着深厚的兄弟之情，不但与他同进同出，同坐一辇，而且有一次在家宴中还曾经说要将自己的江山托付给刘武。

初元三年，当时汉景帝还没有册立太子，有一次，在自己的家宴上，汉景帝曾经对自己的弟弟刘武说："等我去世之后，就由你来继承我的皇位。"刘武听了这番话，嘴上很客气的拒绝道谢，但心中却是十分欢喜，窦太后也是喜不胜收，但是窦太后的侄子窦婴知道后向刘启进谏道："汉朝自创建以来，皇位的继承就是父子相传，怎么可以任意地改变呢。"这番话也让刘启打消了册封自己弟弟的念头，而窦婴也因此得罪了窦太后。过了几天，窦太后便命人将窦婴的皇亲国戚的名誉革去。窦太后一心想着让汉景帝立小儿子刘武为皇位继承人，但当时的那句话只是汉景帝的酒后失言，并不是出于自己的真心，但是如果不这么做的话，又会让自己的母后失望。正当他左右为难的时候，公卿大臣们搬出汉代的制度来阻止这件事，汉景帝便趁着这个机会立自己的长子刘荣为皇太子，但是册封不到一年，刘荣便被废黜太子之位，窦太后见状又重新提起立刘武为皇位继承人，遭到大臣袁盎等人的坚决反对，于是，只好另立景帝的儿子刘彻为太子，窦太后的算盘再次落空。而当刘武知道这件事后，竟然派遣刺客将袁盎等数十位大臣杀死。这个事件，触怒龙颜，汉景帝下令严查真凶，最后事情败露，刘武已经没有办法逃脱，他派出去的刺客也自杀身亡。幸亏因为自己的姐姐馆陶公主向自己的母后求情，才使得刘武免遭刑法，但也是从这个时候开始，汉景帝的心中已经对刘武有了防备之心。

这个时期，窦太后的眼睛已经完全失明，窦太后对于黄老之术比较推崇，所以，汉景帝和窦氏兄弟也听从窦漪房的命令，传诵《老子》，拜读黄老学说。"黄老"是指的黄帝和老子，依照无为而治的思想，用宽松的政策来管理民众，窦漪房一生经历了汉文帝、汉景帝、汉武帝三代君王，而汉文帝和汉景帝统治时期则是历史上有名的"文景之治"。

公元前141年，汉景帝离世，太子刘彻登基，尊他的祖母窦氏为太皇太后，而他的生母王氏则是为太后，开创了汉武大帝的时代，是汉朝最繁盛的时期，他便是历史上著名的汉武帝。

刘彻称帝后，窦漪房听说他喜欢儒家学说，对此她是不以为然，还经常干涉朝中政务。汉武帝不愿意违背自己祖母的意愿，在他处理朝中政事时，总会向窦漪房询问意见。御史大夫赵绾和郎中令王臧见此状况，便命人将鲁耆儒申公请到朝中，并且向汉武帝进言，要依照汉朝流传下来的制度，建立礼制建筑明堂辟雍，更改正朔，变换服饰，实行巡狩封禅等礼仪，还建议汉武帝以后的朝中大事，并没有处处请示太皇太后的必要。窦漪房后听后，气愤不已，命令汉武帝将赵绾、王臧等人的官职除去。直到窦漪房去世之前，汉武帝刘彻都没有再尊崇儒家学说，从这里也可以知道，窦漪房在汉朝政治上的影响也是非同小可的。

公元前138年，闽越一带带领军队围攻东瓯，东瓯王派人向汉朝请求支援。窦太后则是主张不能用武力解决纷争事端，于是汉武帝便派遣中大夫严助征调遣苏州一带的水师救济东瓯。就这样，汉朝的兵马还没有到，闽越王就放弃了围攻东瓯的念头，带着自己的部队回国了。东瓯王因为害怕闽越军会卷土重来，于是又主动向汉武帝征求，将自己一个4万多人的小国家迁移于庐江郡，而这个时期，太皇太后已经知道自己的孙子刘彻已经可以独当一面了，便给了汉武帝代表着军权的兵符，从此便打开了汉朝的繁荣景象。

公元前135年，窦漪房在汉朝东宫辞世，与汉文帝合葬在霸陵，终年七十一岁，窦漪房的一生充满着传奇色彩，她历经了三代帝王，见证着汉朝的成长、发展和繁荣，她的谋略和智慧让后世人惊叹。

奇女子钩弋夫人

人物名片

钩弋夫人（前113—前88年），姓赵。西汉齐国河间武垣县人，也就是今天的沧州市肃宁县。传说钩弋夫人出生的时候就有残疾，紧紧握拳不能伸展，病痛一直折磨了她十六七年。直到汉武帝刘彻经过河间时，听闻这里深居着一名奇女子，刘彻好奇就将其召来，欲将其手展开。也许天意如此，赵氏的传奇故事就此展开。当刘彻慢慢将她的手展开后，惊奇地发现原来她的手掌里紧紧地握着一个玉钩，因此他被人称"拳夫人"，又称钩弋夫人。后被刘彻带回宫，封为婕妤，后无罪被刘彻杀害。钩弋夫人是汉昭帝刘弗陵的生母。

人物风云

钩弋夫人的生命很短暂，就连史书上对她的记载也是寥寥无几。但是可以确定的是钩弋夫人是一个传奇人物，在她身上发生的怪事太多太多了。身患残疾、卧病在床的她，却拥有了美艳动人的容貌和身材，有句话说"上帝在为你关闭一扇门的同时，也会为你开启一扇窗。"钩弋夫人正如这句话所说，就在公元前96年（或前95），汉武帝刘彻巡狩，途径河间武垣城。有一个观天象、占卜吉凶的"望气者"对刘彻说，此地有一奇女子，刘彻一听就来了兴致，立刻叫人去查找，于是就找到了赵氏，刘彻一见花容月貌、柳若扶风的她就满心欢喜，甚是喜欢。只可惜美中过不足的是身患残疾的赵氏双拳紧握，任谁也掰不开，除了一个人，这个人就是汉武帝刘彻。刘彻掰开玉手之后，惊奇的发现赵氏的手里握着一只玉钩。随后刘彻将她带入宫中，称为"拳夫人"。后来身体慢慢痊愈。

对于钩弋夫人，刘彻可谓是宠爱有加，每天都要约她侍奉左右，可谓是"一日不见，如隔三秋"啊！所以钩弋夫人很快就有了身孕，刘彻更是欣喜万分，更加不离不弃。但是怪事发生了，都说十月怀胎，而钩弋夫人一怀就是十四个月，才平安产下龙子，取名刘弗陵，也就是以后的汉昭帝。

　　刘弗陵是刘彻最小的孩子，上面有五个哥哥。大哥刘据，是皇后卫子夫的孩子，立为太子；二哥刘闳，年幼夭折；三哥刘旦，自命不凡，骄纵跋扈，不得刘彻心意；四哥刘髆，是李夫人的孩子，李夫人冰雪聪明，温柔可人，曾是刘彻最喜欢的女人，却不幸早逝；五哥刘胥，为人骄奢，好倡乐逸游，不得人心。刘弗陵虽然年纪尚小，但是生性聪明，活泼可爱，机智勇敢，颇有一点小刘彻的范儿，深得刘彻的喜爱。公元前91年，刘弗陵四岁，太子刘据连同母亲卫子夫皆死于"巫蛊之案"，就此太子之位一直悬空，这也为以后的皇权之争埋下伏笔。太子死后，舅父李广利串通满朝文武联合上书拥立刘髆为太子，不料李广利与刘屈氂为拥立刘髆为太子而谋划"巫蛊之案"的真相暴露，汉武帝愤怒之下决定满门抄斩，祸及整个刘氏家族，刘髆的太子梦就此破灭，只剩下了年纪最小的刘弗陵。

　　话又说回来，到现在，刘彻已经是别无选择，只能立刘弗陵为太子，这难道不是正得他意吗？但是一直让刘彻担心的是她的娇滴滴的钩弋夫人，如果刘弗陵做了皇帝，那钩弋夫人就是皇太后，但是她才不过二十五六岁，尚且年轻，他害怕自己死后，钩弋夫人会变成第二个吕雉，怕刘氏王朝被赵氏集团吞并，朝廷混乱，政权不保，所以，无奈之下他决定处死钩弋夫人，永绝后患，帝王之心真是深不可测啊。俗语说："伴君如伴虎。"这句话一点也不假，生性乖巧懂事的钩弋夫人又怎知大祸将至呢？

　　公元前88年，汉武帝刘彻带着天真烂漫的娇妻钩弋夫人前往甘泉宫避暑，钩弋夫人自是小心侍奉，不敢马虎。但是有一天，汉武帝龙颜大怒，下令处死钩弋夫人，而且一点情面都不留，原因只是一点小小的，可能也称不上错误的错误。钩弋夫人吓得浑身发抖，泪流满面，苦苦哀求，刘彻却不予理会，冷着脸命人将她带了下去，关进了冷宫。

　　钩弋夫人到底是怎么死的，后人也不为所知，毒死？绞死？还是扼死？这些都是我们的猜疑。

钩弋夫人死后的第二年，也就是公元前 86 年，刘彻在弥留之际立下诏书立小儿刘弗陵为太子，即日即位。刘弗陵成为汉朝的第八代皇帝，汉昭帝，追封母亲为皇太后，并建立陵墓——"云陵"，位于甘泉宫之南。

这就是钩弋夫人传奇的一生，她虽有倾国倾城之貌，却没有福寿安康之福，自古红颜多薄命，钩弋夫人不就是如此吗？

史上最长寿的皇后王政君

人物名片

王政君（前 71—13），是汉成帝的亲生母亲，是汉元帝的皇后。她也是我国历史上寿命最长的皇后之一。在后位这个宝座上稳居 61 年，时间之长仅仅次于清朝时期的孝惠章皇后。而当时王莽篡位时，王政君曾经将代表至高权力的玉玺很生气地砸在地上，导致传国玉玺的一角已经崩碎，没有多久，便含恨而终，与汉元帝刘奭合葬在了渭陵。

人物风云

王政君，有传说她的祖先是黄帝的后裔。王政君的人生从她未出生的时候，便已经有了传奇的色彩，相传，曾经有人预示着六百四十五年之后，将会有一个圣女再次诞生，大约会在齐田家出现。而几百年之后，王政君的祖先带着全家迁移到这里，居住在了当年所预测到的地方，与前后的时间也是刚好相符合，这让人们相信，在八十年之后，王家就会有贵女降生了，她的出现则会使天下兴旺。或许仅仅是巧合，但这种预言恰恰出现在了王政君的身上，她的命运似乎就这样被确定了。从这以后，王政君便被人看作是"圣女"降临人间。

过了几年之后，汉宣帝还在位的时候，把国家治理得很好，选用有才能的人治理朝政，老百姓们都过着安静祥和的日子，一副天下太平的景象。到了五凤四年也就是公元前54年，当时只有18岁的王政君在一次选秀中进入皇宫，成了一名家人子。曾经有人说过王政君的前途富贵，大吉之相，而王政君的入宫正是她实现自己这个命运的开始。

有一次，太子的宠妃司马良娣去世之后，太子终日郁郁寡欢，为了为儿子缓解丧妻之痛，便命人挑选出来五位家人子，供太子挑选。而这个时候，太子的心情并没有恢复，还深深沉浸在对自己的宠妃司马良娣的怀念中，看着皇后对自己的关心，也不好驳皇后的面子，便随意地说道："这五位家人子有一位还是很不错的。"当时王政君的位置和太子挨得比较近，而在这五位家人子中，唯独王政君身穿绛色花边的大掖衣。听太子这么说，一个奴才便认为太子所说的一定是穿着与众不同的王政君，将这个情况转告了皇后。于是，皇后遂命人将王政君送到了太子的宫中。正是因为这样，王政君则是由一个最低等的家人子而变成了高高在上的太子妃，未来的一国之母。

举行完礼节之后的当天，太子便和王政君同会于阳台，这就是古代历史上的"御幸"。不能不说，王政君是命运眷顾的宠儿，太子家中大大小小的嫔妃数十人，中间也不乏被太子御幸七八年的，但最终没有一个人能够怀上孩子，而王政君仅仅是这一次的御幸机会，便怀上了太子的骨肉，真可谓是羡煞他人。在汉宣帝甘露三年间，也就是公元前51年，王政君为太子产下一名男婴。而汉宣帝则更是激动不已，年已不惑的他终于等来了自己的嫡长皇孙，他的用心良苦也得到了回报，心情自然是无法用语言来表达的。

黄龙元年也就是公元前49年，汉宣帝驾崩。太子刘奭即位，便是史上的汉元帝。而王政君的儿子，年仅3岁的小太孙刘骜则被汉元帝册立为太子。而王政君则是由太子之妃晋升为婕妤，汉元帝也封王政君的父亲为阳平侯。三天之后，便为王政君举行了皇后的册封仪式。看似风光无限的皇后娘娘，日子过得却是无比的凄苦，因为自从汉元帝宠幸她一次之后，几乎就没有再被召见，终日虚度着年华。

到了竟宁元年，也就是公元前33年的五月，汉元帝驾崩，年仅43岁。而太子刘骜便被扶植登基，成为汉成帝。王政君便被奉为皇太后，从这个时候开始，王政君的处境才有所改变，在宫廷生活中也不用再像从前那样小心翼翼，胆战心惊地过日子了。

　　汉成帝登基之后，整日沉迷于酒色之中，无心管理朝政，这便为王政君提供了大好时机，趁机独揽了政权，在她的操持下，重用外戚官员，她自己的兄长王凤则是被她任命为大司马大将军领尚书事。从这开始，顺着王政君的裙带关系，外戚专权的情况越来越严重，这场声势浩荡的外戚专权在西汉王朝拉开了帷幕。

　　王氏家族依靠着王政君的关系，迅速成长起来，有了皇太后这个大靠山，王氏家族的生活日渐萎靡，整日便是寻欢作乐，并且大肆购买田地，建造豪华的住宅，规模之大绵延数里之外，一眼都望不到边际。他们霸占百姓的农田，剥削民脂民膏，惹得天下百姓叫苦连天、哀声怨道，朝野上下腐败无能。百姓们生活凄苦，官吏贪污成风，风气日渐低下，在这种制度的压迫下，许多地方的百姓举起大旗，带领着一干人等起义，一时之间，社会动荡不安。而西汉盛世也已经慢慢走向尾声。

　　而汉成帝则是"两耳不闻窗外事，一心只醉美人关。"风流无限，醉生梦死，过得好不潇洒自在，谁知道好景不长，在绥和二年间的三月，汉成帝在温柔乡中死去，终年也只是46岁。

　　在这样的历史背景下，汉哀帝继位登基，汉哀帝即位，可以说是比较容易的，但是登上帝位之后，就不再容易了，此时的社会矛盾已经激化，并且还在不断地加剧，官吏占用土地导致人口流失的现象也是日趋严重。汉哀帝很聪明，他十分清楚当时西汉政权存在的各种问题，所以他刚当上皇帝，便马上着手进行治理。他能够从整体上调整，既考虑到贵族、官僚阶层的利益牵扯，又顾及了百姓的诉求，在一定程度上限制了诸侯和官员，宫中的太皇太后及太后给他的枷锁也被他合理地打开，但还是难以改变大局。无奈之下，汉哀帝甚至采取了后人不理解的方式解决问题，以致于给后人留下的印象是：汉哀帝和汉成帝相比有过之而无不及，私生活慌乱不堪，他让人从民间各地广选美女，充斥着已经将要膨胀的后宫，做事荒唐等。

　　为了缓和激烈的社会矛盾，皇太后王政君让汉哀帝重新颁布律法，为了限制官吏无限度的占用天地和大量购买奴婢的行为。但是汉哀帝却是自己带头打破了自己所制定的规定，甚至一次性就给予董贤二千顷良田，这套律法在汉哀帝的眼中形同虚设。

元寿二年时，汉哀帝在未央宫中驾崩。因为汉哀帝并没有子嗣继承大业，所以，王政君重新入主东宫，手持传国玉玺，抓住了至高无上的皇权。她将军权交给了王莽，还逼死汉哀帝宠信的董贤，册立中山孝王的儿子刘衎登基为帝，历史上称之为汉平帝。当时的平帝只有9岁，加上他自小体弱多病，对于朝政之事更是无从下手，而王政君虽然还是高高在上，但却被王莽暗地里架空了她的权势，成了一个空有称号的太后，大权则是掌握在了王莽的手中。

这个时候的王莽异常的谦恭礼让，赢得朝中大臣的一片赞扬。而王政君也是十分相信王莽，以为他德才兼备，可以辅佐新帝治理国家，成就大业。其实，这个时候，王莽已经有了篡夺皇位的野心。

首先，王莽煽动群臣一起上书王政君，以王莽辅佐幼主有功，让王政君封他为"安汉公"，随后，他又设下圈套，让自己的女儿成为汉平帝的皇后，后来又逼迫王政君称自己为"宰衡"。并且王政君还宣布："因当朝皇帝还十分年幼，我一人决定着国家政策，已经力不从心，再加上我已经年迈体弱，精力也大不如从前，如果事事都要我亲力亲为，只怕是对于皇帝以后治理国家也有不利的影响，从今天开始，除了有关于封侯拜相的决定外，其他一切的政事都交给安汉公和其他的辅政大臣来处理。其他一切烦琐的事物则是全由安汉公做决定。"就这样，王莽趁着这个机会，培养了一大批自己的亲信，在朝中清除异己，使自己的权力达到了空前的膨胀。

为了巩固自己手中的权力，王莽对于自己的形象也是时刻地注意着。因此，在众大臣面前还是保持着他一贯的谦恭形象，他的低调作风也得到了很多官员的认可。对于那些为王政君做事的宫人，无论身份地位怎么样，他都是大加贿赂，对他们每个人都"关爱有加"，以此来讨取王政君的喜欢。王政君的身边的每个人都对王莽赞叹有加，这也使得王政君对王莽少了一份戒心，给了王莽培植自己势力的空隙。

元始五年的十二月，年幼的汉平帝死去。自此，汉元帝的子嗣已经没有了，汉宣帝一族的人员倒是有数人，为了掌控大权，王莽极力推荐年仅两岁的刘婴为帝，并且还欺骗王政君说，听一位占卜人说，刘婴是最合适的帝王之选，王政君听后自然是没有异议。于是也便应了王莽的如意算盘，册立刘婴为新一代的帝王。

但是几天以后，王莽也不再掩饰自己的野心，索性自己戴上皇冠，和王政君拜过之后，在未央宫称帝，改国号为"新"。而这个便是历史上有名的新莽代汉。事已至此，王政君是悔恨不已，但却是毫无办法，乾坤已定，任她怎样愤恨怨怒都无法改变既定的事实。

始建国五年的二月，王政君这个传说中的"圣女"就这样带着无限的悔恨结束了自己一生的旅程，终年84岁。

苦命的天之骄女陈阿娇

人物名片

陈阿娇（生卒年不详），汉武帝刘彻的第一任皇后。她的母亲是刘彻的姑妈馆陶公主，父亲是朝廷大将陈午。从小与刘彻青梅竹马，两小无猜，刘彻即位之后，阿娇名正言顺成为皇后。后来的成语"金屋藏娇"、"千金买赋"的典故都与陈皇后有关系。

人物风云

出生于帝王之家的陈阿娇嫁于汉武帝刘彻可谓是顺理成章，他们是天造地设的一对佳偶，这段姻缘可以说是天作之合，美满幸福，然而天意弄人，阿娇却成了长门宫里的怨妇，《长门赋》里的女一号。这一切又是如何造成的呢？这还要追溯到上一辈的恩怨。

话说，刘彻的父亲，汉景帝有两个宠妃，其中一个就是刘彻的母亲王娡，另一个是刘荣的母亲栗姬。由于起初栗姬深得汉文帝的喜爱，汉文帝立刘荣为太子，馆陶公主趋炎附势，是一个不折不扣的势利眼，加上功利熏心，想要女儿成为太子妃，却不料被心高气傲的栗姬当场驳回，颜面尽失，从而对其产生了恨意，产生了废太子之心，于是，就百般挑拨栗姬与汉文帝之间的关系。与此同时，馆陶公主开始亲近王娡，想要改立刘彻为太子，王娡心思缜密，冰雪聪明，馆陶的心思她又怎能不知？论才智、论计谋，栗姬又怎能是王娡的对手，很快，汉文帝就疏远了栗姬，随即废除了太子，改立刘彻做了太子。刘彻一当上太子，馆陶就迫不及待地把女儿阿娇嫁给刘彻，王娡甚是高兴，而且刘彻答应将来一定会为阿娇盖一座金屋，这就是历史上"金屋藏娇"的典故了。

公元前14年，汉文帝驾崩，年仅十七岁的太子刘彻即位，也就是后来的汉武帝。刘彻当上皇帝以后，阿娇理所当然地当上了皇后。虽然刘彻没有给阿娇一座金屋，婚后的生活也算是美满，两个人相敬如宾，恩恩爱爱，阿娇像是一个受宠的小女人，幸福地飞上了天。然而，世事难料，好景不长，任谁也想不到这座金屋却成了她葬身的坟墓。

如同现在的丁克一族，过着二人世界还可以幸福常在。但是"不孝有三，无后为大。"一连几年，阿娇都没有为刘彻生下一男半女，作为一个皇帝，三妻四妾本来就是再普遍不过的事了，身为皇后本不能阻拦，更何况自己不能生育。但是却偏偏碰上了阿娇这个不明事理的女人，在她看来男女是平等的，至少她和刘彻是一样的，刘彻只能属于她一个人，即使是有来生，也只能爱她一个。阿娇把刘彻看得死死的，不能与任何女人亲近，即使是说梦话，也不能叫其他女人的名字。陈阿娇是一个美丽聪明的女人，但是聪明反被聪明误，从小娇生惯养、骄纵跋扈的火爆脾气造就了她的悲剧人生。

建元三年（前138），汉武帝临幸卫子夫，卫子夫因此而怀孕，这犹如晴天霹雳，让阿娇悲痛欲绝，妒恨交加。一哭二闹三上吊，无所不用其极，并对卫子夫施行酷刑，刘彻大怒，但是，碍于馆陶公主的情面，想到当年她为自己的太子之位也费了不少心思，于是，答应馆陶会与阿娇和好，并好好对待她。如果阿娇息事宁人，心胸宽广，这件事也就这样过去了，但是，偏偏她又是一个心胸狭窄，小肚鸡肠的女人，心生歹意的她，将目标转向了卫子夫的弟弟卫青身上，在卫青毫无防备的情形下，派人把卫青掳走，准备杀掉卫青，以泄心头之恨，却不料被人救下，卫青才得以活命。隔墙有耳，没有不透风的墙，这件事很快就传到了刘彻的耳朵里，刘彻龙颜大怒，对阿娇失望之极，心想："你越是痛恨卫家，我就偏偏反其道而行之。"于是，刘彻提拔卫青，重用卫青，册封卫子夫。从小被宠溺的阿娇哪里受得了这份气，爱情没有了也就算了，但是，最让她痛恨的是输给了一个歌女，简直是颜面扫地，又怎能忍气吞声。于是她想到了巫蛊之术，诅咒卫子夫，把皇宫里搞得乌烟瘴气，鸡犬不宁。她的母亲曾多次提醒她住手，可她仍旧不听劝告，一意孤行。要知道汉武帝刘彻一向是相信这个世界上存在妖魔鬼怪的，阿娇的诅咒等于是戳中了刘彻的软肋，再加上有奸人挑拨说皇后利用巫蛊之术诅咒皇上和卫子夫，刘彻听信了谗言，一怒之下将阿娇打进长门宫，就连其身边服侍的奴才也一并砍头，刘彻的这一招简直是太狠了。

被打入冷宫的阿娇还存有一丝希望，她不甘心长困于此，更不甘心一个堂堂的皇后会败在一个歌女手中。于是，她又心生一计。这次他寄希望于一位辞赋家——司马相如的身上，她知道皇上喜欢吟诗作赋，并钟爱于司马相如。于是，她就叫自己的母亲去求司马相如给她作一首赋，宣扬她对皇上的深深的爱意，以及自己的幽怨，以唤起皇上对她的怜爱，最后，司马相如答应了。而他也终究没有辜负这对母女的期望，一首《长门赋》诞生了，没有华丽的辞藻，但是，每字每句都包含着阿娇对刘彻的爱意，深处冷宫的寂寞、幽怨之情，曲调时而婉转，时而柔和，道不尽的相思之情，说不完的凄凉之意。

庆幸的是这首词很快传到了刘彻的耳朵里，不幸的是他只是称赞这首词写得棒，对于阿娇却没有流露出任何的情意。消息传到了长门宫，阿娇悲痛欲绝，从此一病不起。公元前110年，陈阿娇死在了长门宫。

陈阿娇，是一个封建王朝政治婚姻下的牺牲品。正所谓自作孽，不可活。其实归根结底阿娇是死在了她骄横的性格之下，不甘于平庸，不甘于寂寞的她纵有显赫的背景也于事无补。这样的性情成就了她的皇后梦，也同样毁了自己的幸福，甚至葬送了自己的一生，这又能怪谁呢？

红颜万里的昭君出塞

人物名片

王昭君（约前54—前19），名嫱，字昭君，乳名皓月，中国古代四大美女之一，"沉鱼落雁，闭月羞花"之一的"落雁"指的就是王昭君。晋朝时为了避司马昭讳，又被人称为"明妃"，是汉元帝时期的一名小宫女，西汉南郡秭归（今湖北省兴山县）人。匈奴呼韩邪单于阏氏。昭君出塞的故事千古流传。

人物风云

汉宣帝在位期间，是汉朝经济比较繁盛的一个时期。在那时候，匈奴因为贵族互相争夺权力，势力也随即逐渐衰落，后来，匈奴内部关系发生分裂，矛盾不断加剧，五个单于各自为王，互相之间战争不断，死伤无数。

其中，有一个叫呼韩邪的单于，因为被哥哥郅支打败了，死伤了很多人。为了壮大自己的队伍，恢复经济，让自己的领域中的百姓生活更加安稳、幸福，在与大臣们商议之后决定停止战争，前往汉境拜见汉宣帝，和汉朝结下百年之好。

因为呼韩邪单于是第一个主动到中原来朝见的，所以汉宣帝像是招待贵宾一样的招待了他。为了充分地表达汉朝的诚意，汉宣帝还决定亲自到长安城外去迎接呼韩邪单于，并为他举行了隆重的宴会。呼韩邪单于的到来，促进了中原和西域的友好交流和文化的发展，为两地经济的繁荣带来了新的希望。

呼韩邪单于在长安住了一个多月，每天伴汉宣帝左右，和汉宣帝谈天说地，互相学习，迟迟不愿离开。后来，他希望汉宣帝可以帮助他回去。汉宣帝很爽快地答应了，派了两员大将带领一万名骑兵护送他平安地到了漠南。在这个时期，匈奴百姓正承受着饥饿的煎熬，汉朝还送去了三万四千斛（音 hú，古时候十斗为一斛）粮食，帮助匈奴渡过难关，呼韩邪单于感激万分，更加坚定了与汉朝友好相处的决心。

西域各国的单于听到匈奴已经和汉朝和好了，而且还得到了汉朝的友好招待和帮助，也都争先恐后地要来中原朝见汉宣帝，与汉朝建立友好关系。汉宣帝死后，汉元帝继承大统。没过几年，匈奴的郅支单于贸然侵犯西域其他的国家，在战乱中杀了汉朝派去的使者。汉元帝大怒，派兵征讨郅支单于，一直打到康居，最终打败了郅支单于，并且将郅支单于杀了。

郅支单于死后，呼韩邪单于的地位就更加稳固了。公元前33年的时候，呼韩邪单于再一次来到长安，并要求同汉朝和亲，结下百年之好。汉元帝欣然答应了。

在以前，汉朝和匈奴和亲，都要挑选一个公主或者宗室的女儿，因为以前的一些和亲的公主嫁给单于后饱受思念亲人的痛苦，再加上两地的气候环境的差异，身心都遭受着折磨。汉元帝不想自己的亲人再受苦难，这一次，他毅然决定要挑个宫女给他，随即他便派人到后宫去传话：

"如果有谁自愿嫁与呼韩邪单于，皇上就会把她当成公主一样看待。"

后宫的许多宫女都是从民间选进来的，她们自从进了皇宫，就像是鸟儿被关进笼里一样，都眼巴巴地盼望着有一天能够把她们放出宫去，还给他们自由。但是一听说要远离本国到西域去，却又都不乐意了。

有个宫女站了出来，她称自己为王嫱，也叫昭君，生得美丽极了，又很聪明伶俐，见多识广。在众多的宫女中，昭君可谓是鹤立鸡群，清新脱俗，气质、身材、样貌、才情都是出类拔萃的。她不甘心一辈子只做一名小宫女，为了追求自己的终身幸福，她毅然报名，声称自愿到西域与单于和亲。

当呼韩邪单于带王昭君来向汉元帝谢恩时，汉元帝见到昭君如此貌美又有才情，很想把王昭君留下来，可是已经晚了，想要后悔已经来不及了。

王昭君在汉军和匈奴军的护送下，风风光光地离开了长安，虽然有很多不舍，但却无半点后悔之意。她千里迢迢地来到了匈奴，呼韩邪单于封她做了的阏氏。日子慢慢过去了，她也渐渐地习惯了这里的生活，而且她和匈奴人相处得也很好，昭君贤良淑德，待人宽容，温柔大方。匈奴人都非常喜欢她，尊敬她。

　　昭君出塞是汉匈双方由战争政策转向和平政策的产物，此后五六十年没有发生互相仇杀的战争。因此，无论是汉朝还是匈奴，都非常重视这次和亲。昭君出塞，为汉匈两族的和平友好播下了种子，让汉匈两族的经济和文化有了前所未有的繁荣和发展，搭起了一座文化的桥梁。在她死后，她的女儿须卜居次云，女婿须卜当，仍秉承着她的生平之志，继续为汉匈两族的和平友好关系而努力奔走着。

　　王昭君离开长安之后没有多长时间，汉元帝就死了，他的儿子刘骜继承大统，也就是就是汉成帝。汉成帝依然和匈奴保持着友好往来，昭君出塞的故事一直流传至今。

环肥燕瘦的主角之一赵飞燕

人物名片

　　赵飞燕（前45—前1），本名为宜主，是西汉时期汉成帝的皇后。赵飞燕的一生充满着传奇色彩，这不仅仅是因为她的美貌，更是因为她高超的舞技。而在我们现在经常所说的"环肥燕瘦"便是指的杨玉环和赵飞燕，因为赵飞燕的美貌绝伦而俘获了一代帝王的心。

人物风云

　　赵飞燕刚出生的时候便被自己的亲生父母抛弃，可是三天之后，她的父母发现她竟然还活着，这让其父母感到非常诧异，便又将她抱回家中抚养。等她稍微大一点的时候，她和她的妹妹就一同被送入了阳阿公主府，在那里有乐师开始教她们练习歌舞。赵飞燕在这个方面有着极高的天赋，不仅习得一手好琴艺，她的舞姿更是出神入化，俘获了不少人的心。

　　当时在任的汉成帝刘骜平时喜欢游乐，常常带着富平侯张放外出寻欢作乐，当他在公主府上看到姿色出众，舞艺超群的赵飞燕后，心中颇为喜欢，立即将将她召入宫中，册封为婕妤，对她是万般宠爱，几年之后又将当时的许皇后废黜，另立赵飞燕为皇后，而赵飞燕的妹妹赵合德也被皇上册封为昭仪，一时之间，两个姐妹称霸后宫，盛极一时。

直到汉成帝驾崩后，赵家姐妹并没有产下一男半女，于是便由当时的陶王刘欣继承皇位，这就是历史上的汉哀帝，而赵飞燕则被尊为皇太后，汉哀帝登基几年便死了，而下一任皇帝汉平帝刘衎即位之后，便把赵飞燕贬为平民。

在当时，老百姓之间有这样一首歌谣："燕燕尾涎涎，张公子，时相见。木门仓琅琅，燕飞来，啄皇孙，皇孙死，燕啄矢。"他们所吟唱的便是赵飞燕，燕燕尾涎涎这句话就是形容赵飞燕的美貌无双，而木门仓琅琅则是暗指她便是皇后的下一任人选。

赵飞燕在汉成帝时期，能够独宠后宫十年光景，权势一时之间达到顶峰，这并不仅仅是因为她的舞艺和美貌，还有其他的原因。

这还得从赵飞燕所在的家庭说起。她的父亲赵临只是汉代宫府中一个小小的家奴，自己都过着风餐露宿的生活。而赵飞燕出生后，这个清贫的家庭已经没有能力去抚养她，于是便将她丢弃在荒郊野外，让她自生自灭。可是随后的几天，赵临总会梦到赵飞燕的哭声。于是被这个梦魇折磨了三天之后，他决定出去看看被他丢弃的孩子，结果发现小飞燕竟然还没有死。赵临见状，只得将她再抱回家中，凑合着过日子。后来，赵临实在是没有办法，便将赵飞燕卖到阳阿公主的家中学习歌舞，做歌舞伎。而赵飞燕对于歌舞有着过人的天资，经过一段时间的磨炼，造就了她的一副好歌喉，一身好舞技。

而汉成帝出宫寻乐，来公主府上玩。公主则召来自己府上的歌伎为汉成帝助兴，赵飞燕便是其中之一。她那妙曼的身姿，动听的嗓音和令人沉迷的眼睛，都深深地迷住了汉成帝，眼睛一会儿也离不开赵飞燕的身影。当下汉成帝将她从公主府中要来带回自己的宫中。而赵飞燕刚开始的时候欲擒故纵，接连三次拒绝汉成帝的宠幸，吊足了汉成帝的胃口，随后便是夜夜专宠，汉成帝再也没有临幸过其他的妃子。

赵飞燕的容貌本身就是清丽脱俗，后宫无人能比，再加上她的出众舞艺，更是让她在整个后宫独占鳌头。她所演示出来的舞步,手指像拈花般颤动,而身姿则是轻盈无比,好比随风移动,这让汉成帝无法自拔。汉成帝在后宫的太液池中的瀛洲高榭上为她举行了舞艺表演。汉成帝敲击着玉环为赵飞燕打着节拍,冯无方吹笙为其伴奏。赵飞燕当时所跳舞蹈是《归风送远曲》。一阵轻风吹过,赵飞燕差点被带入池中,幸亏冯无方眼疾手快抓住了她的,才没有跌入水中,而刚才的情况在汉成帝的眼中看来,就像是一个将要随风而去的仙子一样,害怕会有一天就这样悄无声息地离开自己的身边,这让汉成帝心慌不已,随后还命人为赵飞燕专门建造了一个住所,命名为"七宝避风台"。从这里也可以看出赵飞燕在汉成帝心中无人代替的地位。过了几年之后,汉成帝废许皇后,立赵飞燕为他的第二任皇后。

赵飞燕并不是空有外表,她还有着高深的计谋,她知道容颜的重要性,也知道帝王的心思,于是为了巩固自己在汉成帝心中的位置,随后她又让自己的妹妹赵合德进宫,赵合德虽然没有赵飞燕的高超舞艺,但是容貌却比赵飞燕更胜一筹,再加上赵合德温柔贤淑,这也使得汉成帝一日看不见赵家姐妹,便无法安心处理朝政,而对于赵飞燕姐妹的话更是言听计从。甚至为了讨得赵氏姐妹的欢心,将自己的第一任皇后废黜,而册立赵飞燕为皇后,赵合德则是为昭仪。虽然如此,赵氏姐妹的地位却是一样的高,汉成帝就曾经对赵合德说过,如果不是自古以来皇后只能册立一位,我一定也会册封你作皇后的。

赵氏姐妹虽然得到皇上的专宠,但是却一直以来都没有怀孕的迹象,于是为了防止其他妃子怀孕生子,对他们的后位产生威胁,她们对于稍微得宠的妃子进行疯狂地摧残,杀死了无数出生的小婴孩,而惨遭堕胎的更是不计其数。一时之间,老百姓中就流传着"燕飞来,啄皇孙"这样的童谣。当时宫中有一位曹宫,因怀孕产下一男孩,竟然被赵氏姐妹俩活活地逼死,而那位小婴孩也被扔出宫门外;另一位,皇上的许美人也是产下一子,赵合德便大吵大闹,直到逼得汉成帝将许美人母子赐死。汉成帝一时被美色迷惑了心智,对于自己的亲生儿子也下毒手,这也使得他年过不惑时,还没有一个儿子能够继承他的王位,就这样将自己的江山弃之不顾,可谓是只爱美人不爱江山啊!

汉成帝最终死在了赵合德的床上,朝野上下无比地震动,朝中大臣都要将赵氏姐妹除去。赵合德自己也知道这一次是在劫难逃，便自杀身亡。

赵飞燕则是因为扶植汉成帝的侄子刘欣登上皇位，成为汉哀帝，刘欣心怀感恩，并没有追究她的过失，而是依然将她尊为皇太后。汉哀帝执政期间，有不少的大臣上述要将赵飞燕处死，汉哀帝都置之不理。直到过了六年后，汉哀帝驾崩，此时朝中已经无人再庇护赵飞燕，大司马王莽便又集结各大臣对赵飞燕加以逼迫，赵飞燕最终自尽而亡。

就这样，虽然赵飞燕并没有干预朝政，但还是落得个自尽的下场，红颜消散。如果把赵飞燕称之为中国古代杰出的舞蹈家，她可谓是当之无愧，只是因为汉成帝的好色和赵飞燕的骄横，葬送了自己的大好青春和高超舞艺。

"娶妻当得阴丽华"

人物名片

阴丽华（5—64），南阳新野人。东汉王朝开国皇帝刘秀的第二任皇后，是刘秀的结发妻子。阴丽华在历史上素以美貌著称。当刘秀还是一个没落皇族的时候，十分仰慕阴丽华的美貌，不禁感叹说："娶妻当得阴丽华"。刘秀称帝之后，阴丽华成了他的宠妃，备受光武帝的宠爱。建武十七年，也就是刘秀扫灭群雄、统一天下之后的第5年，阴氏被册封为皇后。永平七年，阴丽华薨，在位二十四年，与刘秀一同葬在了原陵。

人物风云

阴丽华，是一个幸运的女人，也是一个幸福的女人，拥有沉鱼落雁，闭月羞花之容的她，同样具有温和善良，善解人意的真性情。这样一位绝代美女，遇到了专情的皇帝——刘秀，便谱写了一个美丽的童话故事。刘秀是一位风度翩翩的君王，貌似潘安，他与阴丽华可以称得上郎才女貌，天作之合。说到他们的结合，可以算得上是一段佳话。

当年身无分文的没落皇族刘秀，早就听闻阴丽华的美貌，时常幻想着她的容貌，想象着有一天阴丽华可以嫁给自己。虽未见其人，但是，刘秀早就下决心将来一定要娶阴丽华为妻，于是，就有了"娶妻当得阴丽华"典故。一次偶然的机会刘秀的姐夫邓晨带着刘秀去拜见阴丽华的哥哥阴识，碰巧看到阴丽华在院子里为牡丹花浇水，刘秀看到这一幕时，整个人都被吸引了，眼神里充满爱意，满含温柔的、目不转睛地欣赏着阴丽华的每一个动作。醉翁之意不在酒，名义上是在欣赏牡丹花，实际上他是沉迷于阴丽华的一颦一笑。姐夫深知刘秀的心意，也不便打扰，就在一旁观看。事后，邓晨对刘秀说："如果是以前的话，你们可谓是门当户对，青梅竹马，但是现在，你怎能高攀得起呢？人家可是阴家的掌上明珠，现在的你是一个穷小子，没事业，没家世，你拿什么娶人家呢？"姐夫的一番话，让刘秀大彻大悟，决定要干出一番事业。

事业一旦和爱情联系在一起，可能会"一发不可收拾"。乱世造英雄，为了推翻王莽政权，匡复汉室，刘秀揭竿起义，百姓纷纷响应，他的雄心和抱负慢慢展现出来，在这几年的时间里，刘秀为了替兄报仇，忍辱负重、卧薪尝胆，历尽磨难，这是以前那个温文尔雅、含蓄内敛、与世无争的刘秀绝对不会做出来的事。但就是在这样艰苦的条件下，他终于实现了自己的梦，争得了阴丽华的芳心，并娶阴丽华做了妻子。两个人鹣鲽情深，如胶似漆，但是好景不长，另一位女子就出现了，这个人就是郭圣通，郭圣通的舅舅刘扬看重刘秀一表人才，满怀雄心大志，将来一定可以成就大事，就执意要把外甥女许配给他，刘秀不愿，但是考虑到刘扬的权势，最主要的是还需要刘扬的帮助，于是勉为其难答应了，但是他心里挂念的一直都只有阴丽华一个人。

公元25年，刘秀在河北柏乡建立政权，史称东汉，刘秀就是东汉的开国皇帝。一年后，定都洛阳。到现在为止，刘秀终于和爱妻阴丽华团聚了，艰难的生活过去了，幸福的日子马上就要开始了，多年未见的两个人免不了卿卿我我，整日形影不离。这些被郭圣通看在眼里，恨在心里，对阴丽华的恨意也日渐加剧。而阴丽华，却始终客客气气，礼貌待人，即使是这样，郭圣通的怨气还是有增无减，每天都板着一张脸，好像阴丽华欠了她八百吊钱一样，一直到立后事件发生以后。

政权渐渐稳定以后，一件让刘秀头疼的事也随即而来：立后。到底后宫有谁来掌管呢？阴丽华，还是郭圣通？这两个女人让他难以抉择，虽然刘秀一直中意的人是阴丽华，如果立阴丽华为后，郭圣通舅舅刘杨也不是好惹的，如果刘扬叛变，凭借自己现在的实力肯定不能与之抗衡，心中不免有些担忧。就在这时，刘扬叛变的消息传来了，这正中了刘秀的心意，毅然决然地立阴丽华为皇后，却没想到阴丽华拒绝了这个所有女人都梦寐以求的位置，阴丽华的说辞让刘秀哑口无言。阴丽华说："立后不是两个人的事，是天下人的事。我出身贫寒不说，至今没有给你生下一男半女；而郭圣通呢？她给你生下了长子刘强，我不知道自己以后能不能生育，'不孝有三，无后为大'。感谢一直以来你对我的宠爱，我也很爱你，但还是要从大局出发，不能儿女情长。"阴丽华的一席话让刘秀深受感动，自己的妻子如此的深明大义，实感欣慰。公元 26 年，刘秀下诏书，宣布立郭圣通为皇后，长子刘强为太子。

通过这件事，郭圣通对阴丽华充满了感激之情，态度也有了改观，亲切地称呼阴丽华为姐姐，经常去宫里探望阴丽华。而刘秀呢？对于阴丽华让后位这件事，刘秀一直觉得愧对阴丽华，认为只有给她更多的疼爱才能弥补。于是就经常去阴丽华的寝宫，嘘寒问暖，关爱备至，有时，一天就会去好几次，两个人的感情更加深厚，为了弥补阴丽华，刘秀开始对阴丽华的家人封侯封地，但是阴丽华却说自己只是一个妾，不能接受。这样的话语让刘秀更是心生怜悯。每次出征打仗，刘秀都会把阴丽华带在身边。刘秀把整颗心都放在了阴丽华的身上，郭圣通犹如被打入冷宫，而对于郭圣通来说，如果刘秀的疼爱与皇后的位子可以选择，她宁愿要刘秀更多的疼爱，也不愿做皇后的位子。但是，郭圣通就是郭圣通，永远也不会成为阴丽华，刘秀永远不会爱上她，她只能认命。更让郭圣通忧心的是，阴丽华为刘秀生下了刘庄，刘庄聪明可爱，为人善良，待人宽厚，深得刘秀喜爱，而对于刘强却多了几分忌惮。郭圣通看在眼里，心生歹心，于是设计将阴丽华的母亲和哥哥杀害了。阴丽华伤心欲绝，整日以泪洗面，刘秀为此痛心不已，决定彻查此事，于是揪出了幕后的郭圣通，刘秀龙颜大怒，下旨废除了皇后，但是心性仁慈的刘秀并没有废除太子，这也是让郭圣通感到欣慰的地方。

阴丽华终于坐到了皇后的位置上，这是刘秀多年的愿望。阴丽华温柔贤淑，即便是当上了皇后，对于郭圣通依然谦恭有礼，并没有因为以前的恩怨而落井下石。郭圣通一颗冰冷的心终于渐渐被融化了，性情也温和了许多。还有太子刘强，他因为不被刘秀喜欢，所以太子之位也是岌岌可危。后来刘强听取了劝告，自动放弃了太子之位。刘强下台不久，刘庄就晋升为太子，就是以后的汉明帝。

刘秀对阴丽华的感情始终如一，不曾改变，世人都会说刘秀是一个专情的皇帝，他创造了一个历史。但是在这个历史的光环背后，隐藏着一个柔情似水、美丽贤惠的女人，她通情达理，恭敬待人，她远离后宫的勾心斗角，有着清心寡欲的真性情，并深深地爱着自己的丈夫。

艳冠群芳、权倾朝野的窦氏

人物名片

窦氏（生卒年不详），汉章帝皇后。她的曾祖父名叫窦融，官职大司徒；父亲叫窦勋，后追爵安成息侯；母亲是东海恭王刘强的女儿沘阳公主。公元78年窦氏被立为皇后。

人物风云

窦氏出生于洛阳一个官宦家庭，从小被视为掌上明珠，百般疼爱。窦氏聪明可爱，娇小的身材让人怜惜。更让人感觉惊讶的是，6岁的窦氏就能够做文章，而且还很有文采。公元77年8月又是一年一度朝廷选秀的时候，窦氏被迫与其妹妹一起选入长乐宫，她那出色的容貌，非凡的举止和不俗的言谈，尽得马太后的喜爱和赏识。就连天子汉章帝刘坦对她也是喜爱有加，很快就被选为贵人。这也为她以后竞选皇后之位奠定了坚实的基础。

公元78年马太后病逝，章帝册封窦氏为皇后，打理后宫。汉章帝刘坦生性宽厚，除了窦氏之外，深得章帝宠幸的还有宋贵人和梁贵人。建初三年，宋贵人被选入宫中，并在第二年诞下龙子，取名刘庆。母以子贵，宋贵人更是恃宠而骄。窦氏在皇上心目中的地位自然是一落千丈，这招致了窦氏的嫉妒，把宋贵人看成眼中钉肉中刺。建初四年，刘庆被封为皇太子。自此，窦氏的怨恨更是与日俱增，于是，她串通了自己的母亲沘阳公主进行密谋报复宋贵人的行动。等啊等，终于机会来了，宋贵人的家人给他写来了一封信，她在经过掖庭门的时候，窦氏巧设心思，截下了这封信。她煞费苦心想要在这封信上做做文章，经过冥思苦想终于想到了一个计策。她借这封信诬陷宋贵人设蛊道诅咒。汉章帝经不住窦氏的挑拨，宋贵人在章帝心中的形象越来越差，连同皇太子刘庆都渐渐地被章帝疏远了。建初七年，章帝废除皇太子刘庆降为清河孝王，而后立由窦氏抚养的儿子刘肇做皇太子。宋氏也被逐出宫门，并派人对她进行严刑拷打，宋氏受不了用刑，饮药自杀。

窦氏不能生育，所以，过养刘肇做她的儿子。刘肇是梁贵人在建初四年的时候生育的。窦氏能够抚养刘肇实属梁家之幸。梁家认为如果刘肇将来能做皇帝，他一定不亏待生母一家人的。不知怎么的，这话竟传到了窦氏耳朵里，自此，她便下定决心一定要除掉梁家，一个不留。建初八年，窦氏密谋陷害梁贵人，梁氏含冤而死。从此以后，窦氏的地位更加稳定，也更加受到章帝的宠爱，与此同时，她的野心也与日俱增，不断膨胀，这时候的她不再甘于只是安坐于后宫，她开始干预政事，涉足朝政。

章和二年二月，年仅33岁的章帝在章德前殿去世。皇太子刘肇登基称帝，为汉和帝，年仅10岁。册封窦皇后为皇太后，因为和帝年纪尚小，朝中一切大小事务都由窦氏亲自打理。从此，窦后便开始了她政治生涯。窦太后下诏：汉章帝一直以来都勤政爱民，圣贤明达，遵承先祖的治国之道，天下安宁，乃是万民之福，现今皇上年幼多病，我理当尽心辅助他处理好一切政事。现在，周边国家皆对我朝虎视眈眈，叛乱之心显而易见，这些都是朝廷的藩属屏障；我希望满朝文武都可以严格要求自己，律人律己，帮助哀家处理好朝廷的事务，这样，才能够解除我方的后顾之忧。创业容易守业难，在誓死守住天下祖业的时候，哀家急切地需要各位大臣来出谋决断，让百姓可以安居乐业。侍中窦宪是一个德才兼备的人才，平时将忠孝二字看得甚是重要，汉章帝在位时，曾亲受遗诏，任命窦宪为掌典辅助。根据当时的政局的变化，窦氏更改了章帝在位时的一些规定。因为连年征战，朝廷库银吃紧，窦太后想要借助盐铁税收来增加军费，从而改变章帝一直以来对匈奴实行的安抚妥协的优惠政策，以此来大举进攻匈奴。

汉和帝永元四年，窦宪阴谋叛逆，隔墙有耳，走漏了消息。和帝在与宦官密议之后，决定将其诛杀，因为窦宪常年在外打仗，拥有兵权，如果他闻讯班师回朝，攻打城门的话，那也就只有等死的份了，为了不打草惊蛇，所以先忍未发。等到窦宪班师回朝，和帝便立即下诏命金吾、五校尉率领军队逮捕了邓叠、邓磊等叛贼，将他们处以死刑。然后，派人收回了窦宪大将军的印绶，降为冠军侯，并命他回去自己的封国。等他到了封国后，和帝就下令逼迫他们自杀了。窦氏家族做官的人也全都被免官。

从此以后，东汉外戚势力销声匿迹，宦官势力开始抬头，形成了交替执政的混乱格局。窦太后从此以后被软禁于宫中，不得干预朝政，窦太后年事已高，再加上多年忧郁，一病不起，于永元九年去世。在她去世之后，汉和帝为窦氏皇太后举行了盛大的安葬仪式，与汉章帝合葬于敬陵，谥号"章德皇后"。

武将善战，驰骋疆场

汉初三朝元老之一灌婴

人物名片

灌婴（前250—前176），汉朝睢阳人，也就是今天的河南商丘睢阳区一带。灌婴本来只是睢阳的小商人，以贩卖丝缯为主。后来刘邦反秦，灌婴就开始追随刘邦，并且被授予内侍中涓官的身份，在后来的群雄争霸中，灌婴因为杀敌英勇，后又被沛公刘邦赐予七大夫的爵位。再后来的群雄争霸中，灌婴一直跟随沛公与秦军交战，因开国有功，后来刘邦被封为汉王，就拜灌婴为郎中。汉朝的江山基本稳固以后，灌婴最终为相，去世后被追谥为"懿侯"。

人物风云

沛公刘邦成为汉王以后，灌婴又跟从汉王继续向汉中进军，到了十月，灌婴又被汉王任命为中谒者。他凭借自己对汉王的忠心和自己的英勇无畏的精神又跟从汉王将三秦平定了，继而攻下了栎阳城，把当时人称刺头的塞王司马欣也降服了。又经历了废丘一战，但是最终未能取得胜利。他跟随汉王出战临晋关，将殷王董翳降服，并且平定了董翳统辖的地区。不久又遇到了项羽的部下龙且（jū）和当时魏国的丞相项佗所带领的军队，于是在定陶以南地区展开激战，经过一番非常激烈的厮杀以后，最终灌婴取得了胜利。这一战，他又因功被封赏并赐予列侯的爵位，赐号昌文侯，食邑为杜县的平乡。

此后他以中谒者的身份继续跟随汉王刘邦并为其拿下了砀县，继而向彭城进军。但这一战并未取得胜利，项羽领兵将汉王的军队打得大败，于是灌婴就追随汉王向西撤退，最后驻扎在雍丘。后来汉王的部下王武和魏公申徒联合起来谋反，灌婴追随汉王讨伐他们，并且大获全胜。他们将外黄攻下，后向西开始招募士卒，并且驻扎在了荥阳。不久项羽又带兵对他们进行攻击，这次项羽的军队以骑兵居多，汉王为了抵御项羽的骑兵军队，想要在自己的军队中挑选一些能够带领骑兵反击的优秀将领，原来秦朝的骑士李必和骆甲，因为他俩对骑术比较在行，同时他们又都在军中担任校尉等职务，因此大家觉得他们应该可以担当这个重任。汉王考虑了一下，正准备任命这两个人，但是他们对汉王说："我们本来是秦朝的人，现在在军中能够担当要职，恐怕至今军队中也会有人对我们产生怀疑，所以请您还是重新选择人选，委派一名大家都信任并且一直跟随您，而且又擅长骑射的人成为我们领导人吧。"当时的灌婴虽然年龄不大，但是在以往的战斗中都能够勇猛杀敌，所以，最后将他任命为中大夫，然后让李必和骆甲担任该军队的左右校尉，和楚国的骑兵在荥阳交战，最终把楚国的军队打得大败。然后汉王又命令灌婴单独率领军队对楚军的后方进行袭击，使楚军的粮食供应线断绝。继而又在鲁国一带，将项羽的将领项冠带领的军队打败了，灌婴带领的军队与项羽一战取得了胜利。此后军队就在燕国西部一带驻扎下了。灌婴率领的部下将士们个个忠义，奋勇杀敌，连斩五个楼烦将领，并且在其他的战役中也大获全胜。灌婴又带领自己的骑兵军队南渡黄河，把汉王护送到洛阳，然后灌婴又被汉王派去邯郸迎接当时的相国韩信带领的部队。等灌婴回到敖仓时，被汉王任命为御史大夫。

公元前204年，也就是汉王三年，他率领郎中的骑兵归属于韩信的部队，任职御史大夫。后来在与齐国的战争中，他率领的部下俘虏了敌军的车骑将军华毋伤及将吏多达四十六人，给予敌军重创，并且最终迫使敌兵投降，这一战又大获全胜，一举夺得了临淄，并且活捉了齐国的守相田光。灌婴又率领自己的军队乘胜追击，在齐国的千乘县将军田吸被打败。随即韩信的部队开始引兵向东，灌婴也跟随其在高密开始进攻龙且和留公旋率领的军队，所有士卒都奋力搏杀，斩杀敌军将领和士卒无数，灌婴亲手将亚将周兰活捉。

齐地被韩信平定以后，韩信就在该地区自立为王，称齐王。并且随后派遣灌婴独自带领军队去攻打当时鲁北的楚将公杲，获得胜利以后，灌婴继续奉命挥师南下，亲自俘虏了薛郡郡守的骑兵将领。接着又开始向傅阳进攻，并且将淮南的城邑全部降服了，然后就率兵到达了广陵。在此之后项羽又派人重新收复了淮北。听见这个消息后，灌婴又带领自己的军队北上淮河，在下邳大败项羽的军队，拿下了下邳。在平阳又遇到了楚军的骑兵，接着就把彭城降服了，俘虏了楚国的项佗，一路降服了多个县邑。后来他又开始对苦县、谯县进行攻打，再次遭遇亚将周兰并将其俘获。后来在颐乡和汉王率领的军队进行了会师。然后跟随汉王的军队在陈县一带将项羽一举击败。汉王为了奖赏灌婴，又为其增加食邑二千五百户。

战争结束以后，天下大势初步形成，汉王最终被拥立为皇帝，他又封赏给灌婴食邑三千户。本年秋天，他又被任命为车骑将军，跟从汉高祖攻打燕王臧荼的军队，并且再一次大获全胜。第二年，灌婴跟从汉高帝在陈县将叛变的楚王韩信虏获。回到朝中之后，汉高祖剖符作为信物，使灌婴世世代代都能够享受恩泽，并且被封为颍阴侯，又把颍阴的两千五百户给了他作为食邑。

在此之后，灌婴又以车骑将军的身份随高帝到代国讨伐韩王信，行军到达了马邑，皇帝就命令灌婴率领军去攻打了楼烦以北的六个县，并且将其降服，并斩杀了代国的左丞相，然后在武泉以北的地方将进犯的匈奴骑兵击败。汉高祖又带领灌婴等人在晋阳一带与韩王信的骑兵展开了激战，这一战受到了匈奴大军的包围，汉高帝立刻带领军队退回到东垣。

在这次跟随汉高帝进攻陈豨的时候，皇帝派灌婴单独进攻曲逆一带陈豨丞相侯敞所带领的一批军队，并且在战争中大败敌军，灌婴率领的军队不仅杀死了侯敞等多名大将，还降服了多个地方，最终把东垣攻克下来。

为了征讨造反的黥布，汉高祖派灌婴以车骑将军的身份率领军队出征，在相县就与黥布副将带领的军队展开了厮杀，灌婴带领自己的军队经过英勇的战斗斩杀敌军大将三个人。随后灌婴又带领军队攻打黥布上柱国和大司马率领的军队。在战斗中灌婴亲手将左司马活捉，他率领的军队也在战斗中斩杀敌军小将数十人，然后他乘胜追击敌人一直到了淮河沿岸。此战大获全胜之后，汉高祖又封赏给他二千五百户的食邑。在平定了黥布的叛变之后，汉高祖回朝，正式确定灌婴在颍阴五千户的食邑范围，同时撤销了以前对灌婴所封赏的食邑。

灌婴在历经的数次征战中，他随高祖皇帝总共俘获了两个较大的敌军官吏，另外他率领自己的部队打败了十六支敌军，共降服了四十六座城池，其中一个诸侯国、两个郡、五十二个县被他平定了，俘获了两个将军，柱国和相国各一人，俸禄为二千石左右的官吏十几个人。

灌婴平定了黥布的叛乱回到京城时，汉高祖皇帝驾崩。灌婴就被加封为列侯，在孝惠帝和吕太后身边供职。吕太后驾崩不久，吕禄等人就带兵驻守长安，并且企图发动叛乱，自立为王。后来灌婴联合齐哀王平定叛变之后，齐王带领自己的军队回到了自己的封地。灌婴也就带兵回到了京城，和朝中的大将周勃、陈平等人共同拥立代王为帝。孝文帝即位以后，又给灌婴加封了三千余户的食邑，并且赏赐给他一千斤黄金，同时也被任命为太尉。

三年之后（前177），原来的丞相周勃辞去了自己的官职并回到了自己的封地，灌婴开始担任汉朝的丞相。就在这一年，匈奴又大举进犯汉朝边境，皇帝派灌婴带领汉朝军队进行反击。刚刚击退进犯的匈奴，济北王刘兴居就意图谋反，于是皇帝就命令灌婴收兵回京，并将其派去平定谋反。第二年，灌婴逝世，皇帝封其谥号为"懿侯"，并且世袭官位。

灌婴从一开始就追随汉高祖，并且在战争中英勇无畏，最终帮助汉高祖成就大业，也成了西汉王朝的开国功臣，为汉朝江山的稳固立下了汗马功劳，并且也连续历任汉朝的车骑大将军、御史大夫、太尉、丞相和颍阴侯。吕后死之后，他又与周勃等朝中大臣斩除吕家的叛乱势力，保住了汉朝江山，拥立汉文帝，对于大汉王朝来说，他可谓是汉初的三朝元老。

淮阴侯韩信

> 人物名片

韩信（约前231—前196），今江苏淮安人，是西汉王朝的开国功臣，也是我国历史上杰出的军事家，"汉初三杰"之一。韩信跟着汉高祖刘邦打天下，战功赫赫，但是却因为被人无端地猜忌，被吕后处死。"国士无双"、"功高无二，略不世出"则是楚汉时期人们对于韩信的评价。

> 人物风云

秦朝末期，韩信跟随项梁起义，在军队中并没有引起别人的注意。项梁死后，韩信跟随项梁的侄子项羽，在那里做郎中。可是对于韩信的计策，项羽都不重视，就这样一个将才埋没军中。直到刘邦入蜀之后，韩信离开项羽选择跟随刘邦，成就大事。韩信在刘邦的身边得到了夏侯婴的赏识，夏侯婴便向刘邦举荐韩信，因为并没有发现韩信有什么特殊的才能，所以也只是给他找一个很闲的官职做。

刘邦的丞相萧何对韩信赞赏有加，一再向刘邦推举，刘邦便封韩信为将，刘邦问韩信治国安邦有什么好的对策。韩信问刘邦："现在您的最大的敌手便是项羽，那如果从兵力的英勇、强悍和精良方面来看，大王感觉谁更胜一筹？"刘邦听了韩信的话，思考了很久，认为自己的兵力完全不能与项羽相比。韩信随后又说道："不仅仅是大王这么想，在我的心里和您是一样的结论。但是我曾经在项羽身边侍奉多年，对他的为人处世十分的熟悉。项王的威严自是无人能比，一声怒喝便可令千人颤抖，可是他最大的缺点是不能做到知人善用，埋没了许多的良将，顶多也只是匹夫之勇。而项王对待自己身边的人和部下一向是关爱有加，恭敬温和，甚至有的人得了一点病，他都会同情地掉下眼泪，还把自己的食物分给他们，这本应该是好事，可以收买人心。可是在项羽的麾下做事，有功应该嘉奖的时候，项羽却又不舍得将一点小小的权利分给大家，这就是妇人之仁。项王现在虽然已经是称霸天下，号令诸侯，但是他把都城却定在了彭城而并不是关中，再加上项羽违背了与义帝之间的约定，按照自己的喜好分王，这也使得各个诸侯都忿忿不平。诸侯又见项王不顾情义将义帝驱逐于江南，便都回到自己的封地，不愿再跟随项羽。项羽本身是一个英雄，但是他的部队凡是路过之处，无恶不作，遭到黎民百姓的怨恨，就算是臣服在他的脚下，也都心有不甘。项羽表面上已经是天下的领袖，实际上民心尽失，所以说项羽的强大只是表面！如果大王您能够接受项羽的教训，知人善用，笼络天下能人异士，还用畏惧敌人的强大吗！平等待人，把土地平均分给有功劳的大臣，他们舍你其谁！带领着勇猛的士兵，士气强大，敌人的铜墙铁壁有什么可怕！更何况三秦的章邯、董翳、司马欣原本都是秦国的将领，并且带领秦兵已经有好几年，战死沙场和阵前逃亡的人数不胜数，随后这三秦将领又瞒着自己的属下和首领投奔了项羽，到达新安之后，项羽斩杀了这二十多万秦兵，唯独留下了章邯、董翳、司马欣三人的性命，秦人早就对他们恨之入骨。而现在项羽不顾他人的反对，强行封这三人为王，但是秦国百姓却都不甘心臣服于他们的统治。当年您攻入武关的时候，对于城中的百姓一点也不侵犯，还将严酷的刑法废黜，赢得了众多百姓的爱戴，称王乃是民心所向。可是项羽也没有遵守当初的约定，不仅没有让您在关中称王，还将您派遣在了汉中做王，这让秦国百姓对项羽充满了怨恨。现在大王只要发出号令，攻打三秦的封地，不费吹灰之力便可收复。"

刘邦听了韩信的话，非常高兴，有种相见恨晚的感觉。从那以后，刘邦对于韩信的建议几乎都是原封采纳，经过一番部署，便只取三秦的属地，正如韩信所说，很容易便攻占了属地，而韩信从这以后便跟着刘邦南征北战，立马汗马功劳，为了刘邦而征战天下。

随后，韩信又连着灭魏国、攻掠赵国、胁迫燕国，又平定齐国，接着他又派人向刘邦建议到："齐国一向诡计多端，恐怕不会这么容易就归顺，需要有人能够代理此地，我恳请大王能够让我管理齐国，这是对于现在的形势而言最好的办法。"此时的刘邦正与项羽周旋，无暇顾及，只得答应韩信的要求，并且命令韩信带兵攻打楚军。

齐国落入刘邦的手中，三秦王也战死，这让项羽十分恐慌，于是便派盱台人武涉去说服韩信与他联手攻打刘邦，平分天下。韩信没有答应，说道："我在项王身边效劳很多年，也只不过做了一个郎中的小官，也就相当于一个执戟之士。正是因为没有人愿意采纳我的计策，怀才不遇，这才选择离开楚国归顺在刘邦旗下。而汉王刘邦则是授我为将军，将几万兵马让我统帅，还会把自己的衣服脱掉给我穿上，把自己的食物分给我吃，并且对于我的建议几乎都会采纳，才让我的抱负得以施展。汉王如待我如此，如果我背叛他是不会有好下场的。所以，就算是死我也不会背叛刘邦，也谢谢项王能够如此看重我。"

这一次的游说并没有成功，而齐人蒯通也都明白楚汉之争的关键便在于韩信的身上，于是他去劝说韩信，告诉他现在虽然只是臣子，却功高震主，名声甚至比刘邦都要高，这是很危险的。韩信听了这番话，也觉得有理，但还是没有下定决心背叛刘邦，随后又想自己的功劳很大，刘邦应该不会对自己下手的，这样一想，便也没有在意蒯通的提醒。

项羽兵败之后，他帐下的将领钟离眛平时与韩信有几分交情，便来投奔他。公元前201年，有人向刘邦举报韩信起兵谋反。刘邦却信以为真，韩信听后，以为自己并没有什么错误，便想亲自向刘邦解释清楚，可是又害怕刘邦把自己绑起来，便和自己的好友钟离眛商量，钟离眛听后说："刘邦现在之所以不敢轻举妄动，就是因为我在你这里，他不知道你是否投靠了楚国，你如果想用我的命换取刘邦对你的信任，那么我死后，第二个便是你，看来你也并不是什么德行高尚的人。"结果钟离眛自尽身亡。韩信拿着钟离眛的首级去拜见刘邦。没想到刘邦一声令下，便将韩信绑起来，这个时候韩信才真正明白了钟离眛的意思，随后韩信被贬为淮阴侯。

韩信被贬以后，他知道刘邦担心他的才能，所以常常借口身体不适，而很少去上早朝或者是跟着出行。韩信从此心生幽怨，郁郁寡欢。

韩信在被刘邦软禁期间，最多的时间便是与张良整理很多的兵家书籍，总共整理出来一百八十二家，这是中国历史上第一次真正意义上的大规模的兵书整理，是我国军事研究不可多得的财富。

公元前196年的冬天，大汉王朝的一代功臣韩信在长乐宫被杀，终年只有三十三岁。吕后还将其诛灭三族，几千无辜人的生命，将整个长安城染成了血红色，哀声满天，使天下人为之动容，据说，韩信满门抄斩的那天，寒风肆起，大雪纷纷，满城人为这开国元勋悲叹。萧何一语中的，想谋反的人怎么会像韩信这样坦率呢？韩信没有辜负汉朝，而汉朝却忍心辜负他，淮阴侯的死真的是冤枉啊！韩信死前叹息道："后悔没听蒯通的计谋！"刘邦知道后，便下令全国缉捕蒯通。没多久，蒯通被缉拿归案，押送到长安，汉高祖刘邦亲自审问了蒯通。"那日你对韩信说的话，究竟是什么意思？"蒯通道："我们项王让我告诉韩信，说如果继续跟着您也不过就是一个小小的诸侯，而如果背弃您，就会富贵至极，并且还说，如果背叛汉朝，将与韩信平分天下。"汉高祖听后又问："那么韩信是怎么说的呢？"蒯通悲叹一声说道："韩信说：'汉王刘邦待我不薄，让我坐他的车子，还脱下自己的衣服让我穿，分给我他自己的食物。我听说，坐了别人的车子就要为人解决患难，而穿了别人的衣服则要为别人担忧，吃了别人的食物就要为他人办事，直至死去，我怎么可以因为眼前的这点小利而做一个背信弃义的小人呢？'"汉高祖听了这番话，顿时愣住，很久都没有说出一句话，只是眼中一直含着泪水。蒯通接着说道："汉王你之所以能够得到天下，基本上都是依靠着韩信的功劳。但是韩信却不听我的劝告，一直顾念着陛下您的恩情，带领着军队攻打楚国，让项王兵败于垓下，从这些种种迹象来看，他的反心在哪里？悲哀啊，当时，楚汉之争的最终胜利都取决于韩信的身上，韩信却丝毫没有反心，不肯归顺楚国，如今天下已定，并且手中毫无兵权，这个时候韩信心中却有了反叛之心，去勾结陈豨，意欲造反，从这些看来，韩信真是愚蠢之极啊！"面对蒯通的质问和讽刺，汉高祖无颜以对，也不愿再听到有关于自己的过失，让汉朝失去了一名良将，便赦免了蒯通。

西汉勇将周亚夫

> 人物名片

周亚夫（前199—前143），西汉时期著名的将军、军事家。他是汉族人，出生于沛郡，也就是今天的江苏省沛县。他是汉朝名将绛侯周勃的次子，是历史上一个十分有名的军事家，曾经在"七国之乱"中，他统帅的汉军，三个月内就平定了叛军，为西汉立下了汗马功劳。后来死在狱中。

> 人物风云

与别人不同，周亚夫没有做王侯将相的野心，他安于现状，宁愿只做一个小小的河内郡守。但当时有个叫许负的老太太，以善于看面相著名。有次，周亚夫请她到自己的官府中，为自己看相。许负对周亚夫说："以您的面相来看，您的命相是比较尊贵，三年之后就可以封侯，再经过八年的时间，就有机会可以做丞相了，到时候您的地位就显贵了。但卦象里显示这种富贵您只能享受九年，九年后，也是您生命终结，您会因为饥饿致死。"

周亚夫完全不相信许负的话，觉得她是在痴人说梦。他说："我是绝对不可能被封侯的，更不要说丞相了，那简直是白日做梦。因为哥哥已经是侯爵，即使哥哥死了也还有侄子来继承侯爵之位，又怎么会轮到我啊？你说我饿死就更是笑谈，正如您所说我后来尊贵了，又怎么会是饿死的呢？"

许负听后笑了笑，只说她只是根据面相而得出的结论，许负用手指指着他的嘴角说："在您嘴的边缘有一条竖直的纹延伸到了嘴角边缘，这显然是一种饿死之相。"周亚夫淡淡一笑，依然觉得荒诞不经。

可是，没想到过了三年，周亚夫的哥哥周胜之因杀人罪被剥夺了侯爵之位。文帝念周勃对汉朝建国立下战功，所以不愿意就此剥夺了周家的爵位，于是下令推选周勃儿子中最好的来继承爵位。大家一致推举了周亚夫，因为平时周亚夫待人宽厚，为人正直，所以周亚夫就继承了父亲的爵位。

汉文帝自执政以来，本着勤政爱民之心，继续实行与民休息与轻徭薄赋的政策，使国家合乐安康。汉文帝22年（前158），匈奴进犯，北部边境重燃战火，文帝急忙调边将镇守防御。为了保卫京师，文帝派三路军队到长安附近抵御守卫。宗正刘礼驻守在灞上，祝兹侯徐厉驻守在棘门，河内太守周亚夫则守卫细柳。

作为国家领导人，汉文帝亲自到三路军队里去犒劳慰问。文帝比较低调，他先到灞上，再到棘门，这两处都不用通报，见到皇帝的车马来了，军营无一例外都主动放行。因为没有得到事先通知，文帝的到来，让他们措手不及，慌腔走板。送文帝走时军营主帅也是亲率全军送到营寨门口，但这并没有让文帝龙颜大悦。

视察了前面两个营寨，文帝稍有失望。到了周亚夫的营寨，却有不同。按说国家元首到来，作为主将应该高规格接待才是。而周亚夫不仅不出寨迎接，还让军门的守卫都尉说："将军有令，军中只听将军命令，不听天子诏令。"这简直岂有此理！文帝派使者拿自己的符节进去通报，周亚夫这才命令打开寨门迎接。守营的士兵还严肃地告诉文帝的随从："将军有令：军营之中不许车马急驰。"没办法，车夫只好控制着缰绳，不让马走得太快。到了军中大帐前，周亚夫一身戎装，出来迎接，手持兵器向文帝行拱手礼："介胄之士不拜，请陛下允许臣下以军中之礼拜见。"身为皇帝，文帝最喜闻乐见的就是在国家危难之际臣子为他分忧解难，而周亚夫做到了。文帝大为感动，欠身扶着车前的横木向将士们行军礼。

劳军完毕，出了营门，文帝感慨万千，于是对群臣说："这才是真将军啊！那些霸上和棘门的军队，简直是儿戏一般。如果敌人来偷袭，恐怕他们的将军也要被俘虏了。可周亚夫怎么可能有机会被敌人偷袭呢？"可以看出，文帝对周亚夫赞誉有加。

有这样从严治军的将军，任他匈奴再强大，恐怕也要畏惧三分。果不其然，一个月后，匈奴兵退去。文帝大喜，作为奖励，提升周亚夫为中尉，掌管京城的兵权，负责京师的警卫。

后来，文帝病重弥留之际，嘱咐太子刘启（就是后来的景帝）说："以后关键时刻可以用周亚夫，他是可以放心使用的将军。"文帝去世后，景帝封周亚夫为车骑将军。

英雄不能无用武之地，做了车骑将军的周亚夫还真是不得清闲。汉景帝三年（前154），吴王刘濞勾结楚王刘戊、胶东王刘印等七国发动叛乱，为了使自己的叛乱合理化，煞有介事地打出"诛晁错、清君侧"的大旗。景帝当然不会坐以待毙，他升周亚夫为太尉，领兵平叛。

周亚夫不愧是一代军事家，做事有分寸，打仗有韬略。他知道叛军正在猛攻梁国，但并不想直接救援，于是向景帝提出了自己的战略计划："楚军素来剽悍，战斗力很强，如果正面决战，难以取胜。我打算先暂时放弃梁国，从背后断其粮道，然后伺机再击溃叛军。"景帝觉得计划可行，所以点头同意了。

于是，周亚夫绕道进军。到了灞上时，遇到一位名叫赵涉的士人，赵涉建议他再往右绕道进军，以免半路受到叛军的袭击。周亚夫听从了赵涉的建议，走蓝田、出武关，迅速到达了雒阳。

此时的梁国正处于千钧一发之际，梁王向周亚夫求援。周亚夫却派军队向东到达昌邑城（在今山东巨野西南），坚守不出。梁王再次派人求援，周亚夫还是不发救兵。梁王没办法，只好写信请示景帝，景帝又下诏要周亚夫进兵增援，这个面子可够大了，不能不给吧！周亚夫还是不为所动。原来另有谋略，他暗中派军截断了叛军的粮道，还派兵劫去叛军的粮食。叛军只好先来攻打周亚夫，但任凭叛军怎么挑战，周亚夫就是坚守不出。

由于战事持久，叛军事先没有做精心部署，导致军粮短缺，败下阵来。周亚夫取得了空前的胜利。叛军头领刘濞的人头也被越国人割下送来。这次叛乱经三个月就被平定了，这不得不说是周亚夫的功劳。战争结束后，大家纷纷称赞周亚夫的用兵之道。

景帝喜欢选贤任能，对于周亚夫这种才华出众的人，他总想适时提拔一下。公元前152年，丞相陶青有病辞职，景帝觉得时机成熟了，就任命周亚夫为丞相。这也成了周亚夫人生悲剧的开始，起初景帝对他恩宠有加，但周亚夫生性耿直，不会变通，经常顶撞景帝，后来就备受冷落了。

有一次，景帝要废掉栗太子刘荣，刘荣是栗姬所生，所以叫栗太子。但周亚夫却反对，这不等于在老虎嘴里拔牙嘛！当然碰钉子了。再加上在平叛七国之乱这件事上与周亚夫结仇的梁王每次到京城来，都在太后面前煽风点火，使别人对周亚夫的印象大打折扣。

后来，有两件事导致了周亚夫的悲剧。一件是皇后的兄长封侯，一件是匈奴将军封侯的事。窦太后想让景帝封皇后的哥哥王信为侯，但景帝不愿意，说窦太后的侄子在父亲文帝在世的时候也没有封侯。窦太后说她的哥哥在世时没有封侯，虽然侄子后来封了侯，但总觉得对不起哥哥，所以劝景帝封王信为侯，景帝只好推脱说要和大臣商量。

之前尽管周亚夫没少得罪景帝，但景帝都念在他为朝廷效力多年，并没追究，并且，有疑难问题，还是喜欢向周亚夫求教，这次也不例外。景帝认真倾听周亚夫对这件事的意见，周亚夫倒很爽快，直言不讳，他说："高祖说过，不姓刘的人不能封王，没有功劳的不能封侯，如果封王信为侯，就是违背了先祖的誓约。"景帝自然是无话可讲。

后来匈奴将军唯许卢等五人归顺汉朝，景帝非常高兴，想封他们为侯，以鼓励其他人也归顺汉朝，周亚夫很没眼色地反对说："如果把这些背叛国家的人封侯，那以后我们如何处罚那些不守节的大臣呢？"

周亚夫这次如此不识大体让景帝很是窝火："丞相的话迂腐不可用！"皇帝毕竟是皇帝，言出必行。然后将那五人都封了侯。周亚夫自讨了一个没趣，托病辞职。与以往不同，景帝不再念及旧情，马上批准了他的要求。

此后，景帝又把他召进宫中设宴招待，想试探他脾气是不是改了，故意在他的面前不放筷子。周亚夫不高兴地向管事的要筷子，景帝笑着对他说："莫非这还不能让你满意吗？"周亚夫羞愤不已，不情愿地向景帝跪下谢罪。景帝刚说了个"起"，他就马上站了起来，不等景帝再说话，就自己走了。景帝叹息着说："这种人怎么能辅佐少主呢？"

事情远远没有结束，老迈的他又遭祸事。儿子见他已到花甲之年，就偷偷买了五百甲盾，准备在他去世时发丧用，这甲盾是国家禁止个人买卖的。周亚夫的儿子给佣工期限少，还拖欠工资，佣工心里气不顺，一怒之下向国家有关部门检举揭发他私自购买国家禁止的用品，要谋反。景帝盛怒，派人追查此事。

负责调查的人叫来周亚夫询问原因。周亚夫一直被蒙在鼓里，毫不知情，对问的问题一问三不知。负责的人以为他在赌气，便向景帝报告了。景帝很生气，后果很严重，将周亚夫交给最高司法官廷尉审理。

廷尉问周亚夫："君侯为什么要谋反啊？"

周亚夫答道："儿子买的都是丧葬品，怎么说是谋反呢？"

廷尉讽刺道："你就是不在地上谋反，恐怕也要到地下谋反吧！"

周亚夫受此屈辱，更是难以忍受，于是绝食抗议，五天后，吐血身亡——最后的这个结局果真是饿死的。

周亚夫曾事文帝、景帝两朝。文帝劳军细柳，称周亚夫为"真将军"。其"英风直节，濒死不衰"，以至祸患加身，冤屈而死。周亚夫"高名卓行，足以为万世委质者训"，是可以彪炳后世的榜样。

司马迁在《史记》中对周亚夫的军事才能称赞的同时，也为他惋惜，说他因为过于耿直，对皇帝不尊重，结果导致悲剧结局，令人感慨。

难封侯的飞将军李广

▶ 人物名片

李广（？—前119），汉族，出生在陇西成纪，也就是今天的甘肃静宁西南，中国西汉时期的名将。汉文帝十四年从军击匈奴因功为中郎。景帝时，先后任北部边域七郡太守。武帝即位，封为中央官卫尉。元光六年，任骁骑将军，领万余骑出雁门（今山西右玉南）击匈奴，因众寡悬殊负伤被俘。后回到中原，任右北平郡太守。匈奴畏服，称之为飞将军，数年不敢来犯。元狩四年，在漠北之战中，李广任命为前将军，因为迷失道路，没有参战，后愤愧自杀。

▶ 人物风云

　　李广是战国时期秦朝大将李信的后代，不仅骁勇善射，而且精通兵法，是我国汉朝时期抵抗匈奴的一员猛将。李广的一生中与匈奴的战争大小一共七十多次，立下汗马功劳，令匈奴闻风丧胆。他善于骑射，可以百步穿杨，百发百中，人们尊称他为"神箭手"。李广在军营中，战功赫赫，得了厚赏，就分给自己的部下；行军路上，如果水少，他一定要等士卒喝完水以后，他才肯喝。因为李广心存仁厚，爱将如子，所以他深受士卒的爱戴和拥护。

　　在汉文帝十四年的时候，匈奴大举进军萧关，世家子李广以要求随军出战，汉文帝欣然答应。因为李广善于骑射，杀死和俘虏的敌兵很多，汉文帝决定对他论功行赏，并赐封他为武骑常侍，常伴皇帝左右。有很多次在陪侍汉文帝射猎的时候，都会遇到猛兽的攻击，李广因为身材魁梧，奋勇搏击，直到把猛兽杀死。李广救驾有功，汉文帝也因此对李广很是赏识。

　　汉文帝感叹说："只可惜李广没有出生在汉高祖争天下的年代，不然的话做个万户侯又算得了什么！"

　　汉景帝的时候，吴楚七国的诸侯发生叛乱，汉景帝任命太尉周亚夫作为主帅统军征讨七国，飞将军李广随军出讨，在山东昌邑的一场战斗中，他冲锋陷阵，推倒了叛军的军旗，因此威名显露，但由于他接受了梁王私下交给他的将军印，所以，在大军还朝之时汉景帝没有对他进行封赏。

　　后来，他又被封为太守。匈奴也经常前来挑衅，李广在战斗中视死如归，奋勇杀敌。公孙昆邪主管少数民族，他曾经对汉景帝哭诉，说道："李广的英勇和才干，可以说是天下无双，绝无仅有，但自恃勇敢，曾经在与匈奴的几次大战中，都险些失掉性命。"汉景帝听闻后，悲喜交加，不知如何是好。之后不久，李广就被调任陕西北部上郡的太守。后来，他曾任过陇西、北地、雁门、代郡、云中几地的太守，而且英勇善战的美名也被百姓流传下来。

　　没过多久，匈奴军大举进攻上郡地界，汉景帝派他最宠幸的宦官到李广的军中做监军。有一次，宦官率领几十个将士走在大军的前面，忽然三个匈奴人出现了，交战的过程中，宦官不幸被箭射伤了，于是急忙骑马狂奔回去，并对李广讲述了事情的来龙去脉，李广信誓旦旦地说："这三个人一定很擅长射箭猎雕。"他立即下令去追赶这三个人。那三个人没有马，徒步行走，竟已经走了数十里路。李广命令他的将士，把队伍向左右两边展开，他随即取弓搭箭，射死了其中的两个，活捉了一个，经询问，果不其然，他们就是匈奴射雕者。

上山时，突然出现数千敌兵，他们见李广人马不是很多，以为这些只是诱饵，所以惊慌失措，连忙上山布阵，以防敌人来袭。李广的部下见到这种情况也非常恐慌，就想赶紧回军营。李广淡定地说："我们已经离开大部队有几十里，如果现在我们往回走，匈奴人一定会明白过来我们并非诱饵，到时候追上来，一阵乱箭就把我们杀死了。如果现在我们停留下来，匈奴一定以为我们是前来引诱上钩的，肯定不敢上来追击我们。"飞将军李广下令让各骑兵在前行到距离匈奴的阵地有二里时，便停止前行。随后便下令说："都把马鞍子卸下来！"将士们对于他的行为都很是不解，但又不得不从。他的部下疑惑地问他："匈奴人那么多而且我们又很近，假如发生紧急的事，我们不是只有等死的份吗？"李广微笑着说："我之所以这么做，就是为了保全大家的性命，如果我们慌忙逃跑的话，就证明我们根本就是弄虚作假，这样他们就会立刻下山把我们杀死。而现在呢，我们卸下马鞍表示我们根本就不逃，以此来坚定胡骑的猜疑，让他们认为我们就是诱骑。"果不其然，匈奴一个个的都不敢出击。如果有人出来指挥胡兵，李广马上和将士奔过去把这个将领射杀，然后再奔回自己的军中，解下马鞍子，然后命令士兵再将马匹放开，一个个的就地躺下。就这样一次次的回击，不知不觉，天已经黑了，胡骑被吓得不敢再发起进攻。到了半夜的时候，李广神不知鬼不觉地带着领着部下撤离了。天刚蒙蒙亮时，李广等人已经安然无恙地回到了军营。

汉景帝死了以后，汉武帝即位。由于李广是名将，所以汉武帝任命他为未央宫禁卫守军的长官，任命程不识为长乐宫禁卫军的长官。李广、程不识都是名将，所以一起奉命抵抗匈奴。而匈奴个个畏惧李广，听见李广的名字都闻风丧胆。后来，李广以卫尉的身份率领大军，师出雁门关地界袭击匈奴。匈奴兵人数众多，大败李广军队，而且活捉了李广。匈奴的单于平素听闻李广为人正直，公正贤明，便下令说："如果抓到李广，一定要把他活着送来！"匈奴兵俘虏到李广的时候李广正有伤病在身，为了避免让他的伤势再一次加重，匈奴人把李广放在两匹马中间，然后把他安放在用绳子结成的网里，躺下。走了十多里，李广假装死去，他偷偷看到旁边有一个匈奴骑兵骑的是匹好马，把他推了下去，随即跳上了他的马，取下他的弓箭，策马狂奔，一直向南奔驰了数十里，追上了汉军余部，和他们一起进入汉境。数百个匈奴骑兵紧紧追赶。李广拿出弓箭一边跑一边射杀胡兵，最终逃脱了。从此以后匈奴人便尊称李广是"飞将军"。逃回来以后，汉武帝将李广交予执法官审判，法官最后判决：李广兵败后逃走的士兵众多，更可气的是李广被匈奴活捉，本该斩首，但皇上念在他为汉朝立下无数战功的份上，从轻处理，准许他纳金赎罪，被贬为平民。

这件事后，李广在家闲居了几年，匈奴再一次进犯汉境，并杀死辽西太守，击败了韩安国将军。这时天子再一次召见飞将军李广，派他接任右北平太守。在李广驻守右北平的时候，匈奴听闻"飞将军"来了，吓破了胆，一连几年都不敢再入侵右北平。

元狩三年，飞将军李广率领四千将士出兵右北平，张骞率领一万骑兵同他一起去，但是分路进兵。走了大约数百里路，匈奴左贤王率四万骑兵将李广团团围住。李广的兵士惊慌失措，李广淡定决断，毅然决然派儿子李敢冲出包围。得命后，李敢同数十名骑兵飞驰而去，拼死相搏，冲破匈奴的重重包围。然后回来对李广说："匈奴已经被打败了。"士兵们听到后，才安稳下来。李广下令将部队围成圆形，面向外，匈奴急忙攻击他们，乱箭如雨，向他们射过来。汉兵死伤过半，箭矢也都没了。李广下令不要在胡乱射箭，随即李广捡起地上的乱箭，用特制的大弓向匈奴大将射去，一连射死了几十人到太阳快落山的时候，士兵军官都已经面无人色，但飞将军李广却神色淡然，和平常一样，士兵见状甚是佩服。天亮后，张骞的军队才赶到，匈奴兵才被彻底击退。

这时候，李广几乎全军覆灭，疲劳而归。依照汉朝的律法，张骞推迟了时间，本该斩首，纳金赎罪降为平民。李广的军队被匈奴所败，但他杀敌也多，功与过相抵，没有奖赏。

元狩四年春，大将军卫青与骠骑将军霍去病深入漠北打击匈奴，李广屡次请求随军出征，但是皇帝顾忌他年事已高，应该安享晚年，坚决不允许；过了很久，皇帝才勉强允许，任命他为前将军。

李广同大将军卫青出兵抗击匈奴，结果，李广中途迷路，没能参战，回师后，卫青调查迷路的原因，李广羞愤，引颈自杀。李广的官兵个个放声痛哭，百姓知道这件事后，都为他伤心落泪。

司马迁曾在《史记·李将军列传》中写道：飞将军李广的为人正如孔子所说的一样："当管理者自身端正，作出表率时，不用下命令，被管理者也就会跟着行动起来；相反，如果管理者自身不端正，而要求被管理者端正，那么，纵然三令五申，被管理者也不会服从的。"直到他死的时候，天下人都在为他伤心流泪。

大将军卫青

人物名片

卫青（？—前106），是汉族人，河东平阳人，也就是今天的山西临汾市。字仲卿，他是中国历史上尽人皆知的常胜将军，为汉朝拓展疆域做出了重大贡献。西汉时，他多次率领大军平定匈奴的扰乱，屡立奇功，为西汉解决了多年来的忧患。为此汉武帝对其非常赏识，封其为大将军。

人物风云

卫青的父亲其实并不姓卫，是一个私生子。这件事的来龙去脉还要从他悲惨的童年说起。他的母亲是平阳公主府上的一个婢女，因为他母亲的丈夫姓卫，所以，后人称她母亲为卫媪。卫媪为她丈夫生了四个孩子。卫媪的丈夫死后，她仍留在平阳公主家做女仆。后来卫媪与平阳公主家的郑季私通，就生下了卫青。也就是说，其实为卫青的父亲是平阳公主家做事的小吏郑季。后来因为卫青同母异父的姐姐卫子夫入宫得到了汉武帝的宠爱，所以，她母亲生的七个孩子都姓了卫。

在卫青七八岁的时，由于他的母亲要抚养七个孩子，生活非常艰难，后来就把小卫青送到了郑季的家里。按当时的规定，小吏的儿子是可以上学读书的，但私生子的身份使卫青在郑家受到了歧视，连他自己的亲生父亲都不怜惜他，他在郑家经常遭受到其他同父兄弟们的欺辱，甚至让他去山上放羊，还把他当作奴仆使唤。后来，在卫青稍微大一点的时候，终于忍受不了郑家的折磨，就回到了母亲那里。在那里，有一天平阳公主无意间看到了他，对这个英俊懂事、勤奋好学的青年非常喜欢，就让他做了自己的侍从骑奴。

卫青生性聪明好学，在他当骑奴的日子里很快掌握了骑射技术，这为他以后的生涯打下了基础；而且他还慢慢地学到了一些文化知识，对于上层阶级的礼节也有了些了解。由于他对郑家人的怨恨，最终他决定不再姓郑，冒姓为卫，完全断绝与郑家的关系。

平阳公主平日里培养了一批能歌善舞的美女，想以此来讨地得皇帝弟弟的欢心。卫青同母异父的姐姐卫子夫就是公主府里出了名的才貌双全的歌女。他们一家人都在公主府里为奴，过着寄人篱下的生活。一次，汉武帝出席祈福仪式，在回宫的路上就顺便进了平阳公主家。宴席间，平阳公主让自己平日培养的那些歌姬出来为皇上表演，竞展歌喉。汉武帝被卫子夫的美貌和婉转的歌声而倾倒，于是就将她召来宠幸。

建元二年（前139）的春天，汉武帝将卫子夫选入宫中，卫青的命运也因此而改变了，被召到建章宫里当差。

卫子夫进宫后一年都没有见到汉武帝。就在她将要被遣散回家的时候又再度得到了皇帝的宠幸。这个时候的卫青也正受训于上林苑建章营内。在宫里受训的日子对他以后的军事生涯有很大帮助。由于卫青的聪明和生性随和，让他结实了好多朋友，骑郎公孙敖就是其中的一个。

卫子夫受到皇帝的宠爱，并且很快就有了身孕，这让当时的陈皇后非常嫉妒。陈皇后是馆陶长公主的女儿陈阿娇，当年汉武帝对其许下了"金屋藏娇"的诺言。后来汉武帝即位，陈阿娇被立为皇后，但是一直没有生下孩子。所以她担心卫子夫诞下皇子之后会对自己的地位产生威胁。可是她自己又不敢加害卫子夫，就去找她的母亲馆陶公主想办法。馆陶公主为了不让女儿丢掉后位，就随便给卫青安了个罪名，把他抓了起来，并准备杀死他。就在这时候，他的好朋友公孙敖得到了消息，立即召集了几名壮士去解救他，终于把卫青救了回来。另一方面，公孙敖还派人将这件事秘密告诉了汉武帝。这让汉武帝非常生气，他不仅对卫子夫进行了加封，还召见了卫青，并对其封了赏，加了官。

后来陈阿娇又以"巫蛊"的伎俩诅咒卫子夫。汉武帝知道后就废了陈阿娇的皇后之位，并且把她打入了冷宫。再后来，卫子夫生下一名男孩，汉武帝册封卫子夫为皇后。

当时汉朝整个局面其实是被窦太皇太后控制着，汉武帝是有名无实。他力主改革，想实现自己的政治理想，所以汉武帝迫切需要吸收一些新鲜血液壮大自己的势力。在这个时候，卫青就成了刘彻近臣的一分子，也奠定了日后他被委以重任的基础。

西汉初年，匈奴的问题一直是朝廷的一个大麻烦。由于匈奴的实力日渐强大。而汉初时候的人力、物力都严重匮乏，所以，汉朝最初的几个皇帝都不敢采取回战反击的方式，一直以和亲与通关市的方式解决问题。到了汉武帝时，西汉王朝已经相对稳定，经过原来几十年的休养生息政策，西汉人口大增，经济和政治各方面都得到了恢复和发展。终于，在经过综合地考虑之后，汉武帝决定对肆意侵犯的匈奴进行长期讨伐。后来，又发生了匈奴和西汉的马邑事件，匈奴自此拒绝和西汉和亲，而此时的汉朝也开始了对匈奴的大规模征战。

虽然马邑诱击战劳师无功，但是也使汉武帝获得了很多启示，也让他看到了朝中作战的不足。他觉得汉军大将的战术都过于保守，不切合实际。应该提拔一批年轻有为并且战术灵活，英勇善战的将领。汉武帝喜欢骑射狩猎，他认为作战的大将也一定得善骑射。所以在选拔将领的时候，首先要考虑这方面的能力。而卫青历来骑射技术很好，再加上卫子夫的关系，卫青就得到了汉武帝的青睐。

元光五年（前130），年轻的卫青被封为车骑将军，从此开始了他驱逐匈奴的军事生涯。公元前129年，匈奴再一次进犯汉朝边境，直指河北上谷就是今天的今河北省怀来县。汉武帝派卫青、公孙敖、公孙贺、李广四个人去征战，每人带领一万精兵攻打匈奴的侵犯。这是卫青第一次出战，后来公孙贺因为没有遇到任何敌军，所以一无所获；公孙敖损失惨重，李广兵败，只有卫青英勇善战，最终大获全胜。这一站就成了卫青军事生涯上转折点。从此，汉武帝就发现了卫青的统领才能，对其更加器重。

汉朝的这次反击彻底激怒了匈奴，使得他们对汉朝的进犯更加猖狂了。公元前128年，匈奴更加肆无忌惮，带领骑兵大举南下进攻汉朝边境，一路挥兵直上，直接从雁门关进入，攻打汉朝北部边郡。于是卫青被汉武帝派去再一次攻打匈奴。这次卫青率领三万骑兵出征雁门关，卫青大军长驱而进，最终再一次大获全胜。公元前127年，汉武帝派卫青第三次抵抗匈奴的进犯。这次征战也是西汉对于匈奴的一次大规模征战，汉军在卫青的带领下，再一次击退了匈奴，并占领了河套地区。公元前124年春，汉武帝派卫青第四次出征匈奴。这一次卫青带领自己的军队又一举夺得了胜利。

公元前123年，卫青又带领军队以大将军身份前去攻打云中、定襄、雁门等地，经过了一段时间的短期休整，在征战中获得胜利，迫使匈奴退到了漠北一带，使其远离了汉朝边境，这就为后来汉武帝实施河西之役提供了的必要条件。

卫青，从一位家奴的私生子，虽然沾姐姐的光走入了官场，但是他最终也是凭借自身的勇敢和智慧，为自己留下了一世的功勋和千古的美名。

死于奸佞之手的忠臣李固

> 人物名片

李固（94—147），汉中南郑人，在今天的陕西。字子坚。他小时候就非常喜欢学习，与江夏、黄琼等人闻名于当时。因为指正当时的政治，被封为议郎。后来又历任荆州刺史、太山太守，他被当时的百姓称为政绩天下第一，但最终受人诬陷被捕，死在了狱中。

人物风云

李固，出身于官僚家庭。他父亲做过太常、司空。在少帝的时候，他就因为参与谋划拥立汉顺帝受封，但出于他本身"乱世不当官"思想，被他推掉了。

李固虽然出身官僚家庭，但他自少年时就胸怀大志。他喜好读书，常常是不远千里去研究学问，跋山涉水走访名师。因此，李固的知识非常广博，可以说是博古通今，上知天文，下晓地理。后来在太学里，他结交来自各个地方的有志之士，互相学习、切磋。很多当时的读书人都慕名向他求学。而且当时他的名声已经很响亮，许多朝中官员举荐他为官，但是他认为自己不应该在学业完成之前进入官场，就都被他以各种理由推脱了。

少年时期的他虽然并不急于做官，但他对于国家大事还是不断牵挂着，对于当时的腐败政治，他更是忧心忡忡。每当他想到王纲失坠，并且擅政不当，他的内心就平静不下来。到了顺帝继位时，李固已是"三十而立"的年纪了，对于他来说是时候参与朝政了。那时候梁商已经在朝廷当中掌握了实权，并且也开始精心培养梁家的势力。李固面对这样的朝政局面，以他的气质和个性来说，又怎么能忍受得了呢？所以，已经身在朝中的他就开始积极参与朝政，同时也劝导其他的有识之士也要勇敢地和黑暗势力斗争。

顺帝继位以后，东汉政局开始动荡，再加上连年发生天灾，以至于民不聊生，饿殍遍野。阳嘉二年的时候，地动、山崩、火灾等异常现象时有发生，这在当时还不能正确解释。大家都说是因为当今朝廷不好，天也在发怒。朝廷听信了这样的说法，为了平息天怒人怨，朝廷特下诏书，让大家指出时政的弊端，并且为改变这样的局面献计献策。

在大家一致的推动下，李固站了出来，他在呈给皇帝的奏章上一开头就将矛头对准了外戚专政。他以之前发生的外戚阎氏专权受祸为例指出外戚专权的弊端，并且毫不避讳地指出当今朝中梁氏外戚掌握权势，拥权自重，胡作非为的事实。他认为应该除掉以梁冀为首执掌实权的外戚，把朝政归还朝廷。除此之外，李固还将他的指正矛头对准了宦官，他提出自己的建议：应该削减宦官的数量，罢免宦官的重权等策略。

最初，顺帝看完李固的建议，几乎悉数采纳，顺帝取消了本来要封赏自己的乳母宋娥的打算，并且诸常侍等人也都叩头认罪了，同时也册封李固做了议郎官。但是这所有的一切不过是做表面文章，装装样子而已。实际上外戚梁家的实权，不但没有被削减，而且不久顺帝又封梁商为大将军，梁冀也封了官加了赏，梁家的权势更加膨胀。梁氏一家对李固都怀恨在心，他们想方设法对他进行陷害，后来幸亏大司农黄尚在梁商的面前为李固求情，仆射黄琼也对他力保，这样才使他逃过一劫。

李固被释放后，又被调离了京城，调到广汉郡去做个小官。他走到途中的时候下定决心要辞官回乡，并且闭门不愿再与世人交往，对于世事也不再过问。但是，梁商认为如果能把李固拉拢到自己身边的话，那对自己将非常有价值，所以，他就对李固采取了边打边拉的策略。李固在家待了不到一年，梁商又提拔他做了从事中郎，所以，他又回到了朝廷。但是李固毕竟还是那样的性格和品行，他并不会因为梁商又给了他做官的机会，就会放弃对外戚专权的反对与斗争。

李固事实上还没有看透当时的梁商，李固认为梁商一直以皇后父亲的身份对朝政进行把持，但是他对自己还是有所约束的，假如他能够带头自动放弃权势，那么外戚专权的局势就可以得到缓解，事情解决起来就容易多了。于是，李固就写奏章言明，建议梁商能够自动辞退高官放弃权利，为他人作个表率。结果，梁商对于李固的一片赤诚之言并不领情。过了没多久，梁商就又找了借口把李固调离了朝廷，做了荆州刺史。梁商死后，他的儿子梁冀承父职做了大将军，并且又开始了新一轮更加激烈的朝政之争。当时李固查出他所管辖的南阳的太守高赐有贪赃不法行为，并要对其进行惩治。高赐去行贿梁冀并向他求救，梁冀派人去李固所在的地方持文书急救，没想到李固不但不买账，而且抓得更紧了。后来，梁冀没有办法，只得釜底抽薪，再一次把李固调离荆州。但是由于李固的政绩很好，声望也愈来愈高，所有的有志之士都把重整朝政的希望放在了他的身上，都要求朝廷让他回来参政。梁冀迫于社会压力，不得已同意把李固调回了朝廷，但是从此以后李固与梁冀就在朝廷内展开了一番更为激烈的斗争。

后来顺帝病逝，梁冀把持朝政，屡次拥立小皇帝，自己则掌握实权。先立冲帝，后立质帝，冲帝只在位一年就病逝了。质帝虽小，但是非常聪慧，他看出了梁冀等人的心怀不轨，并且默默记在了心里。梁冀恐怕为自己留下后患，就在质帝的食物中下毒，杀害了小皇帝。

李固知道这件事是梁冀干的，所以要彻查质帝的死因，但终究没有查出任何结果，但梁冀对李固确实更加怀恨在心。在第三次选立皇帝的斗争中，李固更加坚定了要重整朝政的决心，所以他决定以死力争选出一位好皇帝。他联合朝中的有志之士一起参与斗争，没想到最后其中的几个人尤其是胡广和赵戒被梁冀威逼利诱所收买。而梁固却因为这次立帝事件给梁冀落下了口实，最终被陷害并且丢掉了自己的性命。

李固在他临死前给曾经被梁冀收买的胡广、赵戒写了信。在信中他提到：自己受到了朝廷的恩惠，本来就应该竭尽全力保存大汉的江山，理应把自己的生死置之度外，所以他立志要扶持皇上把朝政治理得更好，使国家越来越兴盛，所以，对于自己的结果他是不放在心上的。他本来以为自己找到了志同道合的朋友，没想到自己却错了，最终胡广、赵戒等人面对梁冀的威逼利诱，就把自己的安危和利益放在了最前面，居然可以不顾国家的危亡和兴衰，对外戚专权屈服。他激动地说道："我李固虽然丢掉了自己的性命，但是我不后悔，因为我死得其所，我为了自己的志向，为了国家而死，所以我没有什么可懊丧的。"

李固就这样被陷害身亡，但是他为国为民的大义精神让汉朝的百姓永远铭记。就像他说的那样，公正的史学家没有忘记他，让他成为后代子孙学习的榜样。

黄巾起义的镇压者皇甫嵩

> 人物名片

皇甫嵩（？—195），是东汉末年的大军事家，是历史上有名的大将度辽将军皇甫规的侄儿。黄埔嵩官至太尉，被封为槐里侯，统领冀州牧。皇甫嵩在少年时就文武双全，并且爱好诗书，喜欢练习弓箭和骑马。被朝廷察举为孝廉和茂才。

人物风云

张角自称"大贤良师"在民间聚众生事。他传播自己的教化，十多年间收集了众多信徒。汉灵帝中平元年（184），大方马元义（马元义号称"大方"）等几万信徒聚集在了荆扬，他们和朝中的中常侍封谞和徐奉里应外合，约定好在本年的三月五日内外联合起来一起起事。没有想到张角手下的一个弟子唐周叛变了，把这件事上书秘密告诉了朝廷。朝赶紧派人逮捕了马元义，并且在洛阳被判决为车裂极刑以示警戒，并下命令迅速逮捕张角等聚众生事者。张角见自己的计划失败，连夜逃走并且四处散布谣言。于是他的那些信徒们头带黄巾，一起发动起义。这就是历史上的"黄巾军起义"。黄巾军每到一个地方，就把当地的官府焚烧了，并且还抢占乡邑，一时间，朝廷的好多州郡都失守了，当地官吏也四处逃亡，这也给当时的朝廷带来很大的压力。

东汉的朝廷对于黄巾军的势力惊恐万分，立刻采取了强烈的镇压措施。汉灵帝采纳了皇甫嵩的建议，拿出朝廷的藏钱和西园的厩马，将这些全部赐给当时的将士；另外，汉灵帝任命当时的卢植作为了北中郎将，任命皇甫嵩为左中郎将、朱儁为右中郎将，这三个将领能够调发全国的所有精兵权利消灭黄巾起义军。

黄埔嵩和其他几位将领分别调发全国的军队，同时又在全国招募了一些青壮年，总计有四万多人。黄埔嵩和朱儁分别率领一部分人，一起镇压颍川的黄巾起义军。

朱儁先带领自己的军队与黄巾军波才的部队进行作战，最后失败了。皇甫嵩退守在长社（今河南省长葛市东北部）。波才率领大军将城中包围了一个水泄不通。当时，城中的兵很少，兵力相差悬殊，寡不敌众，这使军中的将士非常惊恐。皇甫嵩开始对部下进行安慰，他跟将士们说了他的计策，敌军依草结营，非常容易用火攻。如果能够在夜里对敌军放火烧他们的军营。一定会使敌军大乱。这时候他们再趁乱出兵对敌军进行四面包围，一定能够取胜。当天晚上，天遂人愿，刮起了大风。皇甫嵩立即命令他手下的将士扎好火把登上城墙，然后派出军中的精锐部队偷偷地出城对敌军进行包围。他们一边放火，一边大声呼喊，又点燃了城墙上的火把，与城外的将士呼应。皇甫嵩借着这样的声势，鸣鼓攻打敌军。黄巾起义军因为缺乏必要的战斗经验，看到这样的阵势已经被吓得四散奔逃，被迫撤退。就在这时，曹操也奉命前来营救，于是皇甫嵩、曹操、朱儁三人联合兵力，对黄巾军乘胜追击。虽然黄巾军顽强抵抗，但是也被打得惨不忍睹。这一仗以后，皇甫嵩被封为都乡侯。

接着，皇甫嵩和朱儁又联合兵力对黄巾军乘胜追击，并且连连获得捷报，平定了三郡黄巾军的起义。

八月，皇甫嵩在苍亭将卜已带领的黄巾起义军击败，并且擒获了卜已，杀死了七千多的黄巾军将士。这时候，张角已经占据了广宗，同时控制了河北的腹地，朝廷先后派了卢植和董卓前往镇压，但是都失败了。这一次朝廷下命令让皇甫嵩带兵对其进行攻打。就在这个紧要关头，黄巾军的首领张角病死了，张梁顺势承担了守卫广宗的重任。皇甫嵩带兵攻城，没有成功，于是他就在城外闭营休整，同时静观其变。最终张梁被这种风平浪静的形式所迷惑，对敌人放松了警惕。皇甫嵩就立即连夜调兵遣将，在鸡鸣时分对敌军发动了进攻，黄巾军没有料到这种情况，仓促应战，最终张梁被杀，三万多黄巾军被斩，五万多人投河而死。皇甫嵩将黄巾军的三万多辆辎重车焚烧了，同时砍下张角的头送到了京城。

这一年的十一月，皇甫嵩又与巨鹿的太守冯翊两个人联合攻打下了曲阳，杀死了张宝，俘虏并斩杀十多万人。大汉朝廷为了嘉奖皇甫嵩，任命他为左车骑将军，统领冀州牧，同时又封他为槐里侯，将槐里、美阳两县，共八千户作为他的食邑。

黄巾起义被平定后，皇甫嵩上奏朝廷请求减免冀州一年的田租，用以赡养当地的饥民，汉灵帝准奏。历史上记载，当时百姓为了感谢皇甫嵩，特地为他作歌说："天下大乱兮市为墟，母不保子兮妻失夫，赖得皇甫兮复安居。"

皇甫嵩镇压了黄巾以后，声望也越来越大，威震天下，而且当时的朝政混乱，国库空虚。汉阳人阎忠劝说皇甫嵩应该把握住机会，在南面改制称帝，皇甫嵩没有采用他的计策。

那时候，湟中的胡人北宫伯玉和先零羌共同起事，汉朝派兵镇压却无济于事。到了第二年，北宫伯玉等人开始入侵三辅地区，朝廷急忙下令调回皇甫嵩镇守长安，保卫皇家陵园。

当初皇甫嵩带兵征讨张角的时候，他中途经过邺地，发现中常侍赵忠的住宅的奢华程度已经超过了汉朝的规定，于是奏皇帝请求制裁。在这期间，张让还曾经向他索要五千万钱，皇甫嵩不肯给。于是赵忠就联合张让，向朝廷上书劾奏皇甫嵩，说他不仅连战无功，而且还耗费钱粮。汉灵帝听信了他们的谗言，立即将皇甫嵩召回，没收了他左车骑将军的印绶，同时还剥夺了他六千封户。改封他为都乡侯，只有二千户的食邑。

中平五年十一月，凉州人王国将陈仓包围，汉灵帝正急于用人，又重新任命皇甫嵩为左将军，董卓为督率前将军，两个人分别率领二万士兵抵抗敌军。董卓提出现在应该迅速进攻陈仓，但皇甫嵩却不这样认为，所以没有采纳董卓的建议。

王国率领军队围攻陈仓，一直包围了八十多天，但是由于汉朝城坚守固，最终也没有被王国攻打下来，王国军队疲惫不堪，在中平六年二月的时候撤退了。皇甫嵩想抓住时机乘胜追击。董卓认为不妥，对他进行劝阻，但是这一次皇甫嵩依然不同意他的观点自己独自带领部队对敌军进行追击，命令董卓殿后。这一战，皇甫嵩连战连捷，大败王国部队的部众，斩杀了一万多敌军。董卓这次是又惭愧又遗憾，他对皇甫嵩更加忌恨。

第二年，汉灵帝病重，董卓被任命为并州牧，并且下令皇甫嵩统领董卓的部队。董卓抗旨不遵，拒绝奉命。皇甫郦是皇甫嵩的侄儿，他认为董卓心怀不轨，劝谏皇甫嵩对董卓进行讨伐。但皇甫嵩认为他不能自己私自讨伐董卓，于是将这件事上书告诉了朝廷，这让董卓对皇甫嵩的怨恨更深了。后来，董卓掌握了实权，把持朝政，他下令任命皇甫嵩为城门校尉，时刻都在寻找杀掉他的机会。皇甫嵩将要应诏赴职，长史梁衍对他进行劝阻，并说服他起兵对抗董卓，与袁绍呼应。皇甫嵩还是没有听从劝谏。皇甫嵩刚一到任，主管这件事情的官员就顺应董卓的意思，上奏朝廷，找了借口将皇甫嵩交付给朝廷审判，意图把他杀掉。

皇甫坚寿是皇甫嵩的儿子，他跟董卓交情很好，他得知了此事立即从长安跑到了洛阳，赶去投奔董卓。正赶上董卓摆酒设宴，大会宾朋，皇甫坚寿赶走几步向前，叩头落泪，与他辩理，责之以大义。在座的宾客都被他的行为感动，纷纷替皇甫嵩向董卓求情。董卓这才离开自己的座位，拉起皇甫坚寿和自己一同落座，同时派人释放了皇甫嵩，还将他任命为议郎。

初平二年四月的时候，董卓到达长安，当时所有的公卿百官都在道边列队迎接。董卓为了使皇甫嵩屈服，特意暗示御史中丞以下的官员都要在车下迎拜。然后，他拉着皇甫嵩的手问他是不是害怕了？皇甫嵩回答得不卑不亢，他说如果董卓能够用自己的仁德来辅佐朝廷，那么国家就会越来越昌盛，如果他滥用刑罚，以此来达到自己的私志，那么害怕的应该不只是皇甫嵩一个人，全天下人都将会对他感到恐惧。

董卓被杀之后，皇甫嵩又被朝廷任命为征西将军，不久改任为车骑将军。就在这一年的秋天，他又升任了太尉。但是此年的冬天，因为天上有流星出现，他被朝廷策免。在此之后，他又继任了光禄大夫、太常等职为。直到李傕作乱，皇甫嵩病卒于公元195年。朝廷为了嘉奖他一生的功绩，赠以骠骑将军印绶。他的儿子皇甫坚寿被封为侍中。

"四世三公"——袁绍

▶ 人物名片

袁绍（？—202），字本初，汉族人，出生于汝南汝阳（今河南省周口市商水县袁老乡袁老村）。他出身于一个名门望族，四代里曾经有五个人都是位居三公，到他这里也是位居三公之上，所以他的家族又有"四世三公"的称号。

人物风云

袁绍出生于东汉后期的一个官宦世家,当时他的家里可以说是势倾天下。袁绍长得英俊威武,得到了袁逢和袁隗的喜爱,又凭借自己的资质,在年少时就做了郎官,还不到二十岁就已经当上了濮阳的县长。但是过了不久,他就因为母亲和父亲的去世,在家服丧六年。在这之后,袁绍就不想再做官,拒绝了朝廷的征召,在洛阳过起了隐居的生活。这时正是东汉政治日益动荡的时候,宦官专政的局面愈演愈烈。袁绍虽然表面上过着隐居的生活,实际上他时刻没有忘记国家的兴衰,他在暗中结交志同道合的朋友和侠义之士,例如,历史上的张邈、何颙、许攸等人。他们三个人经常一起聚到洛阳与袁绍商量和帮助党人避难的对策。而袁绍的密友还不止有这几个人,曹操也是其中的一个,因为他们都对宦官专政的政治局面不满,所以暗地里结成了一个以反对宦官专政为目的的政治集团。但是他们的这一系列的活动引起了宦官集团的注意。中平元年(184),东汉朝廷为了镇压黄巾军的起义,被迫取消了对党人的禁锢。袁绍这才答应当时的大将军何进的辟召,从命出仕。何进是当时显贵的外戚,他统领国家的御林军,并且也对当时的宦官专政表现出了强烈的不满。袁绍和何进因为共同的志向和互相赏识,所以两人关系非同一般。

就在袁绍在朝中大肆屠戮专权的宦官之时,董卓在北邙阪下遇到了小皇帝和陈留王,他率领军队带着二人抵达了洛阳的西郊。回到朝中,董卓自恃自己手里有小皇帝这张王牌,在朝中肆意妄为,甚至废除了原来的小皇帝,拥立刘协为帝,并且自封为相国。

董卓的种种暴行,引起了当时的官僚士大夫和民众的愤恨,一时间各地都掀起了讨伐董卓的热潮。而对董卓的讨伐是需要一个大家信得过的人来领导的,这时候袁绍就成了大家首先推举的人物,这不仅因为他显赫的家世地位,还因为他在诛灭宦官时所立下的赫赫功劳以及他从不与董卓同流合污的作为。初平元年正月,也就是公元190年,袁绍正式起兵,集结了各路诸侯,被大家视为众望所归,但事实上他最终是有负众望。作为讨伐董卓的盟主,他根本指挥不了如此庞大的军队,甚至他从来不会率先杀敌,有时候还大肆欺压那些弱小的盟军，而且，各州郡的长官都有自己的小算盘，每当临战的时候就拖延时间，妄图保存自己的实力，最终这场讨伐董卓的战役只能不了了之。

从初平三年至兴平二年（192—195），中原的局势发生很大的变化。在长安，董卓被司徒王允和吕布等密谋杀害，天下百姓对这个消息都额手称庆。但是因为王允对董卓的部下处理不当，致使李傕、郭汜等董卓部下举兵叛乱。结果王允他们被杀，吕布向东逃跑了。后来李傕、郭汜二人产生矛盾互相屠杀。曹操也异军突起，接任了兖州刺史一职，并大败黄巾军，又打败了袁术，最后平定了内部的叛乱，巩固了自己在兖州的势力。这时候的袁绍也集合自己带领的十万兵力与鲜于辅合作攻打公孙瓒。

兴平二年（195）十月，杨奉等人护卫汉献帝逃到曹阳，这时候的曹操已经做好了一切准备并且粉墨登场了。曹操把握好最佳时机，他力排众议，在第二年的八月份，他亲自赶到洛阳拜朝见汉献帝。他找各种理由力劝汉献帝能够转移到许昌，并且让他在许昌建立了新的都城，事实上是他把献帝控制住了，开始实施他"狭天子以令诸侯的计策"。

曹操借住天子的名义开始迅速发展，领土不断扩张。原来，袁绍举荐曹操担任东郡太守一职，是想让曹操成为自己的附庸。但是现在，曹操控制汉献帝并且建都许昌，使曹操的势力范围理所当然地成了政治中心，而曹操本人也自然成了皇帝的代言人，他随心所欲，并且随意对四方诸侯发号施令。

建安四年（199）初，袁绍和曹操之间的决战终于爆发了。当时袁绍自己称帝的梦想破灭以后，他便决定带领自己的十万精锐步兵和一万骑兵攻打许都，希望从曹操手里抢夺回汉献帝。他对自己信任的将领分别进行任命，为南下攻打曹操做着充分准备。但在当时，袁绍的一些部下对他的决策意见纷纭，都认为经过连年的征战，战士和百姓都无力再战，当前最重要的任务应该是休养生息，但也有一部分人主张迅速出兵，快刀斩乱麻。袁绍认为自己地广粮足，兵强人多，所以根本听不进监军沮授的那些忠告。正好郭图等人又经常在背后向袁绍进谗言说沮授拥兵自重，势力逐渐加强无法控制。袁绍听信了这些谗言，把沮授的军队分成三份，让沮授与郭图、淳于琼各典一军。

九月，曹操做好了一切抗击袁军的准备。此时的袁绍企图拉拢张绣和刘表一起夹击曹操。但是不久，张绣就带领自己的军队率先投降了曹操。建安五年元月，刘备背叛了曹操，并且策应袁绍。曹操为了平定内部的叛乱，领兵开始攻打刘备。此时，田丰认准了这次机会，规劝袁绍从后方袭击曹操。但袁绍却推辞说儿子生病，田丰的计策没得到施行。因而错失良机，田丰为此很生气，袁绍也从此疏远了他。等到曹操已经击败了刘备，袁绍才仓促决定出兵，但是田丰认为这已经不是最佳的时机，就又规劝袁绍稍安勿躁，拥兵自持，但是袁绍不仅不听他的劝告，而且积前后的怨气，给田丰安了一个扰乱军心的罪名，把他拘押了起来。

建安五年二月，袁绍向天下人发布了讨伐曹操的檄文，并且开始可对曹操的大举进攻，袁绍没有对战争进行周密地部署和规划，并且战争中依仗自己人多势众，也不听从良将的忠义良言，骄傲自满。四月，曹操在解除了北面的白马之围以后，就带着自己的军队和民众撤向了官渡。这时候因为屡次进谏而被嫌弃的沮授规劝袁绍应该周密计划以后再去围攻。但是袁绍不听劝阻，一意孤行。沮授推说自己身体有病，不愿冒这么大的险，却引起袁绍的不满，强迫他随军渡河，并且把他带领的军队也分割了。袁绍渡河后，在延津南面驻屯。他派刘备和文丑去向曹军挑战，却被曹军打败，文丑被斩。再次和曹军征战，又是袁绍的军队损兵折将。九月，两军再次进行会战，这次曹军大败，躲进自己修筑的营垒中坚决不出来。袁绍就开始修筑各种壁楼，堆起土山，从高处向曹操的军营中射箭。一时间曹军大营箭如雨下，所有的人只能顶着盾牌走路，但是不久，袁绍建起的壁楼、土山就被曹军炸毁了。袁绍和曹操又开始想新的办法交战，两军就这样在渡河相持了一百多天，战争使河南的老百姓都痛苦不堪，很多人都选择了背叛曹军。然而，就是袁绍自身的原因让这些有利的形式急转直下。

当时，袁绍派淳于琼带兵去迎接运粮车，沮授特意提醒袁绍应该加派军队暗中防止曹军的突袭；而且袁绍身边著名的谋士许攸则提出应该趁此机会去攻打许都。但是刚愎自用的袁绍没有采纳任何人的建议，无动于衷。许攸向来贪财，袁绍不能满足于他，凑巧此时许攸的家族里有人犯法被抓进了监狱，这使许攸很不满，于是叛变了袁绍，投奔曹操。许攸告诉曹操说袁军有粮草存于乌巢，虽然有士兵，但没有防备，只要派轻兵急袭击乌巢，烧其粮草，不过三天，袁军自己败亡。于是，曹操亲自领兵攻打乌巢，去袭击营运粮草的淳于琼。当时袁绍的部将张郃主张派兵营救淳于琼，但是郭图却主张攻打曹军大营。没想到最终高览和张郃没有攻下曹营，乌巢失败消息就传来了，最终致使袁军无心恋战，张郃与高览带领着军队向曹军投降了。

　　官渡一战，致使袁绍溃不成军，连挽回的余地都没有了。其实，曹操和袁绍一开始实力相差悬殊，并且袁绍也占据了有优势的地带。而且客观地说，袁绍军队中的谋臣远远多于曹军，可是最终袁绍失败了。出现这样的情况全部是由于袁绍自己的骄傲自满和他的刚愎自用。

贤臣辅国，名垂青史

开国第一功臣萧何

人物名片

萧何（？—前193），汉初三杰之一，著名丞相。沛县丰邑（今属江苏丰县）人。他不论在战争期间，还是在汉初恢复时期，都表现出了中国古代杰出政治家的风度和治国才能，几千年来都被人们所称颂。

人物风云

汉高祖为平民时，萧何多次以官吏身份保护高祖。萧何曾任沛县功曹（县吏员），平日勤奋好学，思想机敏，对历代律令很有研究，并好结交朋友；与刘邦是贫贱之交。刘邦当时只是一个小亭长，平时不拘小节，经常惹事。萧何就曾多次利用职权暗中袒护他，所以，他们两个人的交情很好。

公元前209年，陈胜、吴广起义。萧何和曹参、樊哙、周勃等人聚集商议。观察形势，并和早已起义的刘邦保持着联系。当时的沛县令也想归附陈胜，保住官位，就和萧何、曾参商议。萧何建议赦免刘邦的罪并重用刘邦。县令便派樊哙去召回刘邦，刘邦当时的队伍已经有几十近百人了。等到刘邦带人赶来沛县时，沛县县令又后悔了，害怕刘邦回来造反，就紧闭城门，派人据守，防止刘邦进城，还打算杀掉萧何、曹参。萧、曹二人于是翻过城墙去依附刘邦。之后沛县的父老乡亲在刘邦的劝导下，合力杀掉了县令，开门把刘邦等人接入城中。萧何向大家宣布，公推刘邦为县令。因刘邦辞谢，萧何设占问之计，使刘邦无法推辞。刘邦当了起义的首领。从此，萧何紧随刘邦南征北战，立下了盖世的功勋。

秦朝监察本郡的御史与萧何共事，萧何常常把事办得很称职。萧何去参加泗水郡文书吏的公务考核，名列第一。秦朝御史想入朝进言征召萧何，萧何坚辞，才得以不去朝廷任职。

高祖兴兵成为沛公后，萧何常常履行丞相职务督办政事。刘邦率军勇往直前，直抵关中。萧何身为丞督，坐镇地方，督办军队的后勤供应。公元前206年，秦王子婴设计杀了丞相赵高，几十天后，刘邦率大军兵临咸阳（今陕西咸阳东北），屯兵灞上（今陕西西安市东），派人劝子婴投降。此时，群臣百官也都背叛秦朝而投降刘邦。子婴献出玉玺，向刘邦投降。于是，刘邦率军进入咸阳。将士们都趁乱抢掠金银财物，连刘邦也忍不住，趁着空闲，跑到秦宫中去东张西望。当他看到秦宫中华丽的装饰，成堆的金银珠宝，还有一群群的美女，也不禁飘飘然起来，甚至贪恋秦宫的富贵而舍不得离开。唯独萧何，进入咸阳后，一不贪恋金银财物，二不迷恋美女，却急如星火地赶往秦丞相御史府，将秦朝有关国家户籍、地形、法令等图书档案都收藏起来，留待日后查用。因为，依据秦朝的典制，丞相辅佐天子，处理国家大事。御史大夫对外监督各郡御史，对内接受公卿奏事。除了军权外，丞相和御史大夫几乎总揽一切朝政。萧何做官多年，他当然知道这些。所以，一入咸阳，他马上进入秦丞相御史府，把律令图书收藏起来，使刘邦对于天下的关塞险要、户口多寡、强弱形势、风俗民情等都能了若指掌。后来，在楚汉战争中刘邦能克敌制胜，萧何功不可没。

公元前206年，刘邦逐步平定了关中。已经当上汉王的刘邦率兵向东平定三秦，萧何作为丞相留守收服巴蜀，抚慰喻告百姓，供给军粮。汉二年，汉王与诸侯攻打楚地，萧何留守关中，侍奉太子，坐镇栎阳。制定法令条规，设立宗庙、社稷、宫室、县邑，总要上奏请示，汉王也都同意，准许办理。即使来不及上奏,就酌情施行,汉王回来后再汇报,萧何在关中统计管理户口,水路运输军需,汉王多次弃军逃亡,萧何常征发关中士兵,用于补充缺额。汉王因此专门任命萧何负责关中事务。

汉五年,刘邦已经杀了项羽,平定了天下,要论功行封。群臣争功,一年多功级定不下来。高祖认为萧何功最大,应封为酂候,享有的食邑最多。功臣们都说:"我们这些人亲身披甲上阵,战斗多的打了一百多仗,少的也有几十个回合,攻城略地,大小各不等。如今萧何未曾有汗马功劳,只是舞文弄墨发议论,没打过仗,反而位居我们之上,为什么?"高祖说:"诸位知道狩猎吗?"功臣们说:"知道。"高帝说:"知道猎狗吗?"回答:"知道。"高祖说:"狩猎时,追杀野兽兔子的是狗,而发现踪迹指示出野兽所在之处的是人。现在诸位只能得到逃跑的野兽,是有功之狗。至于萧何,发现踪迹,指示出处,是有功之人。况且诸位只是亲身跟随我,多的也只是两三个人。现在萧何发动全族数十人都跟随我,功不可没啊。"群臣都不敢说话了。

诸侯都已受封,等到奏请位次时,都说:"平阳侯曹参身负七十处伤,攻城略地功最多,应该排第一。"皇上已经委屈了功臣,多封了萧何,排位次时没有再次为难功臣,但是皇上心里想让萧何排第一,关内侯鄂千秋明白皇上的意思,于是进言说:"群臣议论的位次都不对。曹参虽然有野战略地之功,这只是一时之事。而萧何保全关中,使汉军始终有一个稳定的根据地则更为重要。皇上与楚军对峙五年,常常是军队失散,士兵逃走,这种情况发生过多次,然而萧何总是从关中派遣军队补充缺额,这并不是皇上下诏命令他做的,而关中的数万士兵开赴前线,正好赶上皇上兵源困乏的危急时刻,这种情况也多次发生。汉与楚军相持在荥阳多年,军中没有现成的粮食了,萧何从关中运输粮食,供给军粮从不缺乏,陛下虽然多次丢失山东地盘,萧何总是保全关中以待陛下,这是万世之功。现在即使没有曹参等几百人,对汉室有什么损失呢?汉室有了他们也不一定能保全。为什么要让一日之功位于万世功劳之上呢!萧何第一,曹参第二。"高祖说:"好。"于是下令萧何第一,赐带剑穿鞋上殿,入朝可以不用小步快走。

汉高帝刘邦为巩固政权,寻找借口陆续消灭异姓王。他见韩信功高望重,且握有兵权，就几次借故削去韩信的兵权，最后降为只有虚名的淮阴侯。公元前197年，阳夏侯陈豨谋反，自立为王。刘邦亲率大军前去征讨。当时韩信推说自己有病，没有随同前往。于是，韩信的一个门客求见吕后，告发韩信本是陈豨的知交，这次陈豨谋反，韩信是内应。准备在一天夜里，假传圣旨，把奴隶和犯人释放出来，袭击吕后和太子刘盈。

吕后一听，认为事关重大，便秘密召见丞相萧何。他们两人商量出计策，由萧何参加执行。第二天，萧何就让人去请韩信到相府赴宴。韩信自称有病，婉言谢绝了。萧何就亲自到韩信府上，以探病为由，直接进入韩信的内室。韩信再也无法推辞，只得与萧何寒暄一下。萧何说："我和你向来是好朋友，请你去赴宴，是有话对你说。韩信忙问有什么话。萧何说："这几天皇上从赵地发来捷报，说征讨军大获全胜；陈豨已经逃往匈奴。现在朝中的王侯，都亲自进宫去向吕后祝贺。你自称有病不上朝，已经引起人们的怀疑了，所以，我来劝你同我一起进宫，向吕后道贺，消除人们的怀疑。萧何说的话，让韩信不得不信。所以，韩信就跟着萧何来到长乐殿向吕后道贺。哪里知道宫中早就埋伏好了武士，吕后一见韩信中计，喝令刀斧手将韩信绑敷在地。韩信见事情不妙，急忙呼叫："萧丞相快来救我！"哪知萧何早就避开了。吕后不容韩信申辩，命令武士把他拖到殿旁边的钟室中杀死。随后，又将韩信的父、母、妻三族一股脑地捕杀净尽。萧何辅助吕后，谋杀韩信，很符合刘邦巩固政权的需要，为刘邦除去了一块心病。

刘邦晚年时，宫廷内部发生了一场废立太子的斗争。刘邦要废掉太子刘盈，改立赵王刘如意为太子。只是由于萧何等大臣的多次诤谏，刘邦才一直未作决定。公元前195年，刘邦病死，萧何辅佐太子刘盈登上帝位，就是汉惠帝。萧何继任丞相。萧何为相期间，在制定汉朝的典章制度方面还办了一件大事，即作汉律九章。在约法三章的基础上，参照秦法，摘取其中合乎当时情况的内容，制成律法。这是汉朝制作律令的开端。萧何制定的汉律九章，删除了秦法的苛繁、严酷，使法令明简。公元前193年，年迈的相国萧何，由于长期为汉室操劳，终于卧病不起。病危之际，汉惠帝亲自去探望他，并趁机询问："您百年之后，有谁可以代替您来做丞相？"接着惠帝又问："曹参怎么样？"萧何听了，竟挣扎起病体，向惠帝叩头，说："皇上能得到曹参为相。我萧何即使死了，也没有什么遗憾了！"这番话表明，萧何为国家为百姓着想，不记宿怨的大度胸怀。

萧何购置的田产住宅，一定是在穷乡僻壤，建住房不修围墙。他说："后代贤能，就会学习我的节俭；如果不贤能，家产也不会被权势之家夺去。"汉惠帝二年，相国萧何去世，谥号"文终侯"。萧何的后代由于犯罪，有四代失去侯爵封号，每次断了继承人时，天子就再寻求萧何的后代续封酂侯，其他功臣没有人比得上的。

萧何为相真可谓鞠躬尽瘁，死而后已。萧何曾因为汉朝打江山而举荐韩信，又因为汉朝保江山而计诛韩信，可见其心之忠，他对韩信的举措其实都是从汉朝江山出发的，所以我们从这一点上就不能认为他是一个耍了韩信的坏人，相反，他是一个真正的大忠臣。他临死举贤不避仇，也表明他以国家社稷为先的非凡气度。当然，他辅佐有道、治国有方、体恤百姓、生活俭朴自是无须赘述了。

帝师张良

人物名片

张良（约前250—前186），字子房，出生在安徽省亳州市，是西汉时期刘邦旗下一位著名的谋士，也是我国著名的军事家和政治家，是战功赫赫的开国元勋，与韩信、萧何三人并称为"汉初三杰"。凭借他的军事才干，让刘邦成了最后的赢家，也是刘邦身边一位可以善终的大臣，被后世人尊称为谋圣。

人物风云

张良原是韩国人，出身于贵族世家，后韩国被秦所灭，这使他对秦朝充满了仇恨，进而有了反秦的念头。

张良制定了一个很详细的刺秦计划，还花重金请人为他打制了一只大铁锤，重量达到120斤，然后又打听到了秦王的出行计划，在路边埋伏着等待机会。

然而，因为当年的秦王曾多次遭遇谋杀，所以在他的出行中做好了充分的准备，对于自己的座驾也是时常变换，这让张良实在摸不清秦王到底在那一辆车里，所以，他并未击中秦王，却被秦王通缉。

张良刺杀秦王没有得手，到处都贴着逮捕他的榜文，所以，张良不得不隐姓埋名，藏在江苏，静观其变。有一天，张良在沂水圯桥头散步时，看到一位老人，而这位老人走到张良面前时，故意将自己的鞋子脱落桥下，还命令张良给他捡上来，态度十分傲慢。张良非常吃惊，但还是按照老人说的那样将鞋子捡了上来。谁知这位老人又让张良给他将鞋子穿上。张良看他是一位老人，也没有多加计较，还是依照他说的那样，给他穿上了鞋子。这位老人并没有道谢，而是哈哈大笑的离去。这让张良呆愣很久，正想离开，却又看到那位老人走了过来，说道："你倒是一个可造之才。"并且还和张良约定5日后在此相见。虽然不知道什么意思，张良还是应承了下来。

5天后凌晨，张良如约来到桥上。谁知老人早已等候在此，看到张良，老人很生气地说道："和老人家相约，怎么可以耽误时辰？5天后你再来吧！"说完便转身离去。结果第二次的时候，张良还是晚了老人一步。到第三次，张良就干脆半夜就在桥上守着。而这一次，老人给他带来了一本书，并且对他说道："读会这本书，可以做天子的老师，10年之后便逢乱世，它可以助你成就一番业绩；13年之后你再来见我。"说完，扬长而去。

张良的执着与虔诚让他得到了意外的惊喜，从此以后，他苦心专研，对天下事也深谙心中。公元前209年的七月，各地举起起义大旗反抗秦王，张良也聚集了100多人，举起反秦大旗。后来自感身单势孤，决定率众往投景驹（自立为楚假王的农民军领袖），途中正好遇到了刘邦，两人一见如故，于是决定跟从刘邦，张良为刘邦进献的良策也都被刘邦一一采纳，从此之后，张良的才华在刘邦的身边得到了充分地展现，他实现宏伟抱负的征程由此拉开序幕。

公元前206年的十二月，发生了历史上著名的"鸿门宴"事件。

项羽在鸿门这个地方设宴款待刘邦。席间，项羽帐下的谋臣范增几次举起自己手中的玉佩向项羽示意，让他斩杀刘邦。但是项羽优柔寡断，一时之间下不去杀手，便不去理会范增的示意。范增无奈，只好自己召来勇士项庄，让他舞剑，以便趁机杀掉刘邦。而项伯知道他们的用意，便拔剑对舞，保护着刘邦。张良一看形势不好，便将大将军樊哙找来保护刘邦，樊哙持剑便直闯大帐，两眼愤怒地看着项羽，头发几乎也愤怒地竖起，气势强大。项羽骇然，忙问道："这位是什么人？"张良回答说："这位是沛公帐下侍卫樊哙。"项羽赞赏说："是个好汉，赏酒喝！"项羽的侍卫便给樊哙端来一大杯酒，樊哙没有推辞，一饮而尽，一连接着好几杯，还趁机说道"我连死都不怕，更何况是小小的几杯酒！"随后，樊哙还变相地述说刘邦的劳苦功高，对项羽一向忠诚，也指斥项羽的疑心太重。项羽听了他的话，竟然被震慑住，不知道要用什么话来回答，只好让樊哙就座，樊哙便顺势坐到了张良的身边。没有多久，刘邦见形势有所缓和，便以上厕所的理由，和樊哙一起走出大帐，而张良也随后走了出去。三人在帐外商量对策，最后决定让樊哙保护着刘邦回去，尽快脱身，张良则是自己一个人留下来收拾残局。

就这样，刘邦在自己侍卫的保护下，偷偷返回霸上。而张良则是理智地与项羽等人周旋，直到他估计刘邦已经平安回到军中，便进帐向项羽辞行："沛公的酒量不好，已经醉倒而不能向您辞行，只是嘱咐我给项王您献上一双白璧；给范增将军献上一双玉斗。"项羽听后，知道大好时机已经过去，只好无奈收下了这对白璧，没有再追究什么。而范增则因为项羽的一时仁慈错失良机气得拔出剑来将一双玉斗敲得粉碎，很气愤地说："唉！像你这样的人根本就不配让我与你为谋。你的天下迟早会落入沛公的手中，而我们则必会成为他的阶下囚！"

公元前203年，这一年，楚汉之争的形势有了最终的结果，这一年也就发生了著名的"垓下之战"，刘邦的大将韩信使了一个"十面埋伏"的计策，将项羽的部队围困在了垓下，随后又利用"四面楚歌"的方式将项羽军队的士气逐渐瓦解，最后让项羽的军队溃不成军，上演了霸王别姬的惨剧，使得项羽这个英雄因无颜面对江东父老，而自刎于江边，这场战争，宣告结束，刘邦则成了最后的赢家。

汉高祖五年的二月，刘邦正式登上帝位，是西汉王朝的开国皇帝，后人称之为汉高祖。同一年的五月，汉高祖在洛阳南宫宴请朝中大臣，举行开国大典，君臣同乐。宴席间，举杯对饮，其乐融融。汉高祖刘邦也是十分高兴，当与众臣说起项羽为什么失了天下，而自己又为什么得到天下的时候，汉高祖说出了他得胜最关键的因素，那便是他军中的三位杰出的人才萧何、张良、韩信。他话语中充满了对张良的赞赏："不出军营便能得知良策，在千里之外都能决定胜负，从这一点上，我是万万不能与张良相比的。"

天下虽然已经安定下来，但是对于定都在什么地方是眼下最重要的事情，这关乎着汉王朝以后的发展。对此朝中许多大臣都赞同将都城定在洛阳，而只有张良和齐人娄敬一致建议应该将都城定在关中，并且对于这两者进行了比较，详细地分析了其中的要害，张良对于都城的定位有全面而深刻地认识，再加上张良一向威望很高，又深得汉高祖刘邦的信赖，于是刘邦听完张良的分析，当即决定将都城定在关中。汉高祖五年的八月，刘邦正式将自己的都城定在了长安。

汉高祖十年，大汉王朝又面临着另一场新的危机，因为吕后的强硬专权，让汉高祖刘邦怀疑吕后想篡夺自己的皇位，使刘家的江山易主。而当时汉高祖刘邦对戚夫人宠爱有加，所以就想废黜当时吕后之子刘盈的太子之位，立戚夫人的儿子赵王为储君。一时之间，使得朝野震惊，各个大臣都上书劝阻，刘邦却一直坚持自己的意见，对于大臣的意见不加理会。吕后看着这个形式，感觉自己儿子的太子之位不保，于是她想到了刘邦最信任的军师张良，她向张良发出了求救信号。张良自己心中也有所掂量，毕竟太子之位非同小可，关乎着整个汉朝的兴旺，更不能任凭自己的意见而轻易更立，大儒叔孙通有一句话说得特别有理："太子，那是稳定天下的根本，太子的地位动摇，也就代表着天下根基的动摇，那么天下将不会安宁了。"更何况如今天下局势刚刚稳定下来，汉朝的天下根基并没有稳固牢靠，每一项朝政制度都还正在健全，现在唯一能做的只能是顺应现状，无为而治，天下才会安定，江山也才能稳住。针对现在这个情况，张良对吕后说：大臣们的劝阻是起不到什么作用的，而我朝的"商山四皓"都已经年过八十，他们都是孤傲清高之人，放弃汉朝的爵位，却隐居于山林之中，皇上曾几次派人去请他们四老出山，都没有任何结果。如果太子能够降低自己的身份亲自去请"四皓"出山，想必四老一定会答应，到时候，太子出入宫廷，身后都有"四皓"相随，皇上一定会问起其中的原因，如今连皇上都请不到的人，却宁愿跟随太子，不用任何的言语，太子的地位就一定会保住的。

吕后听后，按照张良所说的去做，果然不出所料，刘邦看到太子身后的四位老人，一问之下，才知道是自己几次都没有请来的世外高人，而如今却甘愿跟随在太子鞍前马后，从这里也就知道太子的势力也非同一般，并不是一句话便能将太子之位废黜的，于是，从那之后，刘邦便放弃了改立太子的想法。太子刘盈也最终得到帝位，成为汉惠帝。从这以后，吕后也对张良这个智慧之师敬重有加。

如今，天下局势已经基本稳定下来，张良也就想要功成身退，隐居山林，他看着这半壁江山，这一生的愿望也都一一实现了，再加上张良自小体弱多病，身上早就落下了病根，随后在刘邦的身边，又亲眼看到了那些曾经跟随汉高祖刘邦打天下的英雄之士一个个悲惨地死去，他对于"狡兔死，走狗烹"这一句话深有体会，也知道帝王之心深不可测的道理，害怕有一天自己会遭到皇上的猜疑，落得和大将军韩信一样的下场。所以，张良谢绝了吕后和汉高祖的多番挽留，很聪明的在荣华富贵的面前选择了隐退，远离朝中的是是非非，远离世间的繁杂琐事，选择一个清静之地，一心致力于自己的修身养性之道，专研黄老之学，过着自己逍遥自在的世外桃源的生活。

布衣谋士娄敬

人物名片

娄敬（生卒年不详），汉初齐国卢（今山东省济南市长清区）人。他是汉高祖刘邦的重要谋士之一，对于汉初政策的制定和西汉政权的稳定起了很大作用。

人物风云

汉高祖五年，大汉王朝刚刚完成统一，汉高祖打算把都城定在洛阳。当时，娄敬仅仅是齐国一个戍卒，因为触犯了法律，被发配到陇西（也就是今天的甘肃一带）戍边，途经洛阳的时候，他身穿破旧羊皮外套来面见同乡虞将军，请求虞将军答应他，可以让他面见汉高祖刘邦。身为同乡，虞将军看娄敬的穿着实在寒酸，就想给他换一身比较体面的衣服，娄敬不肯，虞将军没有办法，只好同意了。娄敬见到汉高祖之后，直言道：洛阳虽然处于天下中央，然而经历的战争无数，经济凋敝，百姓怨声载道，在此处定都，利小弊大；然而关中地区地腴民富，而且被山带河，加上地势险要，可以说易守难攻。娄敬的建议得到张良的认可，最终刘邦将都城定在了长安。为了表彰娄敬，刘邦特赐姓"刘"，并任他做郎中，号"奉春君"。

秦末汉初，北方的少数民族匈奴逐渐强大起来，意图乘虚而入，匈奴首领冒顿单于借着楚汉相争的机会，慢慢控制了中国北部、东北部以及西北部的大部分地区，骑兵扩充到了40多万。西汉初年，匈奴成了汉王朝北方最大的威胁。汉高祖六年，冒顿单于起兵进攻马邑，韩王信降敌，第二年，韩王信联合匈奴起兵反叛，进攻晋阳城，汉高祖刘邦亲自率领30万大军远征。大军到达晋阳后，刘邦派使者奔赴匈奴边境，以探听虚实，所谓知己知彼，百战百胜。匈奴为了掩人耳目，便将精壮的士兵及牛都隐藏起来，表面看来完全是一支羸弱之师，迷惑了汉朝使者。使者回来之后，都说根本就不用担心匈奴，只有娄敬对此表示怀疑，认为这只是匈奴的诡计，坚持不让汉军进攻。刘邦不听，坚决出击，结果遭到匈奴的埋伏，被围困在平城白登山7天7夜，这就是历史上的"平城之围"，结果大败而回，刘邦开始相信娄敬的见识确实不同于常人，所以破格提升他为建信侯，并多次请他出谋划策。娄敬给刘邦仔细分析了一下当前的形势，认为只有将嫡长公主嫁予匈奴单于才是上上策，也就是"和亲"。后来"和亲"之策就成了汉朝与匈奴交好的一项基本政策。

娄敬从匈奴回来之后，向汉高祖刘邦报告了匈奴的一些情况，并说了自己对于天下形势的诸多看法，刘邦一一采纳了娄敬的建议，并让娄敬负责实施。娄敬所提出的定都、和亲、迁豪（迁徙六国贵族以实关中）三项计策，对稳定汉初的政治形势，巩固汉王朝的江山起了至关重要的作用。

"萧规曹随"——汉惠帝丞相曹参

人物名片

曹参（？—前190），汉高祖刘邦辅臣，汉初丞相。封平阳侯，谥"懿侯"。秦末泗水沛（今属江苏）人。他早年与萧何一起追随刘邦，后长期担任属国丞相。汉惠帝二年（前193）继萧何之后为相。继为相后，他遵循萧何制订的各项法律制度，不随意修订改变，使国家统治政策有了持续性，从而维持了汉初的繁荣稳定。被后世誉为"萧规曹随"。曹参出将入相，在汉初是难得的人才。

人物风云

曹参在秦朝时，任沛县的狱椽，执掌刑狱事；而当时，萧何任沛县主吏。两人都是沛县吏员中颇有影响的人物。

秦二世元年（前209），曹参与萧何一起帮助刘邦起兵反秦。等到刘邦为沛公时，曹参以中涓的身份跟随。此后，曹参转战于今天的山东滕州、泗水、东河、定陶及江苏丰县、沛县、安徽砀山、河南濮阳一带。

第二年闰九月，刘邦举兵西进伐秦，曹参依然跟随。先后攻打开封、洛阳，但未能攻克，于是便移兵南下至宛（今河南南阳），再向西挺进，经紫荆关、武关，历时十四个月，攻入咸阳，破秦兵，灭秦国。

在萧何、曹参等人的帮助下，刘邦率先进入了关中，按他和项羽的约定，应该做关中王。可是项羽到了以后，违背约言，不肯封刘邦为王。最后刘邦转托项伯，才被封了个汉王。汉王刘邦论功行赏，册封曹参为建成侯。

之后，曹参随汉王入汉中，升任将军。接着，追随汉王，平定三秦。先是攻下辩、故道、雍等地，在好畤（今陕西西乾县）城南攻章平部队，围好畤，取壤乡。在壤乡东和高栎一带攻击三秦部队，大败敌军。又围困章平部队，章平从好畤城逃走，于是顺势攻打赵贲和内史保的部队，把他们击溃。向东攻取咸阳，更其名叫新城。

曹参率军守护景陵，前后二十天。三秦使章平等率部攻打曹参。曹参迎击，大获全胜。汉王即将宁秦赐给曹参为封地。

此后，曹参以将军的身份领兵在废丘包围了章邯，以中尉的身份跟随汉王出临晋关。到了河内，拿下修武，从围津渡过黄河，向东在定陶进击龙且、项佗的军队，打败了它。向东攻取了砀县、萧县、彭城。进攻项籍的军队，汉军大败逃跑。曹参以中尉的身份包围夺取了雍丘。汉将王武在外黄反叛，程处在燕县反叛，曹参率军前往进击，都打败了他们。柱天侯在衍氏反叛，曹参又击败叛军，夺回了衍氏。在昆阳攻打羽婴，追击到叶邑。回军攻打武强，随即又打到荥阳。曹参从汉中做将军、中尉，跟随汉王扫荡诸侯，到项羽战败，回到荥阳，前后总共两年时间。

高祖二年（前205），任命曹参代理左丞相，领兵进驻关中。过了一个多月，魏王豹反叛，曹参以代理左丞相的身份分别与韩信率军向东在东张攻打魏将军孙遬的军队，大败孙遬的军队。乘势进攻安邑，捕获魏将王襄。在曲阳进击魏王，追到武垣，活捉了魏王豹。夺取了平阳，捕得魏王的母亲、妻子、儿女等，平定魏地，共得五十二座城邑。汉王把平阳赐给曹参作食邑。曹参后来又跟随韩信在邬县东面进击赵国相国夏说的军队，大败夏说的军队，斩杀了夏说。韩信与常山王张耳率兵至井陉，攻打成安君陈馀，同时命令曹参回军把赵国的别将戚将军围困在邬县城中。戚将军突围逃跑，曹参追击并斩杀了他。于是曹参率兵到敖仓汉王的营地。这时韩信已经打垮了赵国，做了赵国的相国，向东攻打齐国。曹参以右丞相的身份隶属韩信，击溃了齐国历下的军队，于是夺取了临菑。回军平定济北郡，攻打著县、漯阴、平原、鬲县、卢县。不久跟随韩信在上假密进击龙且的军队，大败敌军，斩了龙且，俘虏了他的部将周兰。平定了齐国，总共得到七十余县。捕获了原齐王田广的丞相田光、代替丞相留守的许章和原齐国的胶东将军田既。韩信做了齐王，领兵到了陈县，与汉王会合，共同打败了项羽，而曹参留下来平定齐国尚未降服的地方。

项羽已死，天下平定，汉王做了皇帝，韩信被调封为楚王，齐国划为郡。

曹参归还了汉丞相印。高祖把长子刘肥封为齐王，任命曹参为齐国相国。高祖六年（前201）时，分封列侯的爵位，朝廷与诸侯剖符为凭，使被分封者的爵位世代相传而不断绝。把平阳的一万零六百三十户封给曹参作为食邑，封号叫平阳侯，收回以前所封的食邑。曹参以齐国相国的身份领兵攻打陈豨的部将张春的军队，打败了敌军。黥布反叛，曹参以齐国相国的身份跟从齐悼惠王刘肥率领十二万人马，与高祖合攻黥布的军队，大败敌军。向南打到蕲县，又回军平定了竹邑、相县、萧县、留县。

孝惠帝元年（前194），废除了诸侯国设相国的法令，改命曹参为齐国丞相。曹参做齐国丞相时，齐国有七十座城邑。当时天下刚刚平定，悼惠王年纪很轻，曹参把老年人、读书人都召来，询问安抚百姓的办法。但齐国原有的那些读书人数以百计，众说纷纭，曹参不知如何决定。他听说胶西有位盖公，精研黄老学说，就派人带着厚礼把他请来。见到盖公后，盖公对曹参说，治理国家的办法贵在清净无为，让百姓们自行安定。以此类推，把这方面的道理都讲了。曹参于是让出自己办公的正厅，让盖公住在里面。此后，曹参治理国家的要领就是采用黄老的学说，所以他当齐国丞相九年，齐国安定，人们大大地称赞他是贤明的丞相。

惠帝二年（前193），萧何去世。曹参听到这个消息，就告诉他的门客赶快整理行装，说："我将要入朝当相国去了。"过了不久，朝廷派来的人果然来召曹参。曹参离开时，嘱咐后任齐国丞相说："要把齐国的狱市（刑狱和集市）作为某些人行为的寄托，要慎重对待这些行为，不要轻易干涉。"后任丞相说："治理国家没有比这件事更重要的吗？"曹参说："不是这样。狱市这些行为，是善恶并容的，如果您严加干涉，坏人在哪里容身呢？我因此把这件事摆在前面。"曹参起初卑贱的时候，跟萧何关系很好；等到各自做了将军、相国，便有了隔阂。到萧何临终时，萧何向孝惠皇帝刘盈推荐的贤臣只有曹参。曹参接替萧何做了汉朝的相国，做事情没有任何变更，一概遵循萧何制定的法度。

曹参从各郡和诸侯国中挑选一些质朴而不善文辞的厚道人，立即召来任命为丞相的属官。对官吏中那些言语文字苛求细微末节，想一味追求声誉的人，就斥退撵走他们。曹参自己整天痛饮美酒。卿大夫以下的官吏和宾客们见曹参不理政事，上门来的人都想有言相劝。可是这些人一到，曹参就立即拿美酒给他们喝，过了一会儿，有的人想说些什么，曹参又让他们喝酒，直到喝醉后离去，始终没能够开口劝谏，如此习以为常。

相国住宅的后园靠近官吏的房舍，官吏的房舍里整天饮酒歌唱，大呼小叫。曹参的随从官员们很厌恶这件事，但对此也无可奈何，于是就请曹参到后园中游玩，一起听到了那些官吏们醉酒高歌、狂呼乱叫的声音，随从官员们希望相国把他们召来加以制止。曹参反而叫人取酒陈设座席痛饮起来，并且也高歌呼叫，与那些官吏们相应和。

曹参见别人有细小的过失，总是隐瞒遮盖，因此相府中平安无事。

曹参的儿子曹窋做中大夫。汉惠帝埋怨曹相国不理政事，觉得相国是否看不起自己，于是对曹窋说："你回家后，试着私下随便问问你父亲说：'高祖刚刚永别了群臣，皇上又很年轻，您身为相国，整天喝酒，遇事也不向皇上请示报告，根据什么考虑国家大事呢？但这些话不要说是我告诉你的。"曹窋假日休息时回家，闲暇时陪着父亲，把惠帝的意思变成自己的话规劝曹参。曹参听了大怒，打了曹窋二百板子，说："快点儿进宫侍奉皇上去，国家大事不是你应该说的。"到上朝的时候，惠帝责备曹参说："为什么要惩治曹窋？上次是我让他规劝您的。"曹参脱帽谢罪说："请陛下自己仔细考虑一下，在圣明英武上您和高祖谁强？"惠帝说："我怎么敢跟先帝相比呢！"曹参说："陛下看我和萧何谁更贤能？"惠帝说："您好像不如萧何。"曹参说："陛下说的这番话很对。高祖与萧何平定了天下，法令已经明确，如今陛下垂衣拱手，我等谨守各自的职责，遵循原有的法度而不随意更改，不就行了吗？"惠帝说："好。您休息休息吧！"

曹参做汉朝相国，前后有三年时间。他死了以后，被谥为懿侯。曹参之子曹窋接替了他父亲的侯位。百姓们歌颂曹参的事迹说："萧何制定法令，明确划一；曹参接替萧何为相，遵守萧何制定的法度而不改变。曹参施行他那清净无为的做法，百姓因而安宁不乱。"曹参继相三年病逝，汉史上与萧何齐名，"萧规曹随"成为历史上的佳话。

廉洁正直却吐血而亡的宰相申屠嘉

> 人物名片

申屠嘉（？—前155），西汉时梁人。申屠嘉曾以能拉强弓硬弩武士的身份，跟随汉高帝攻打项羽，因为他骁勇善战，屡立战功，升任队率小官。在他跟随汉高帝攻打黥布叛军期间，因功升任为都尉。孝惠帝时，升任淮阳郡守。孝文帝元年，选拔那些曾经跟随高帝南征北战，现年俸禄在二千石的所有官员，封为关内侯的爵位，得封此爵的一共有二十四个人，申屠嘉得到五百户的食邑。张苍任丞相后，申屠嘉也升任御史大夫。张苍免去丞相之后，孝文皇帝就任命申屠嘉为丞相，封为故安侯。

> 人物风云

申屠嘉生性正直，为人廉洁，从来不接受官员的贿赂，也不接受私事拜访。那时，太中大夫邓通深受皇帝的宠爱，经常委以重任，皇帝赏赐给他的财宝已达上万两。汉文帝还曾经到邓通的家里饮酒作乐，由此可以见得，汉文帝对邓通宠爱的程度之深。当时，申屠嘉担任丞相一职，他入朝面见皇帝，当时邓通也在场，他站在皇帝的身边，在礼数上面显得有些简慢。申屠嘉看不惯邓通恃宠而骄的样子，在他奏事完毕之后，对皇帝说道："皇上，您宠爱您的臣子，可以给他荣华富贵，让他衣食无忧，但是朝廷上的礼节不可少，这关乎皇朝的尊严，不可以忽视，必须严肃对待。"皇帝一脸不高兴地说："你不要再说了，我就是特别喜欢邓通，对邓通就是偏爱。"就这样，申屠嘉碰了一鼻子灰，上朝回来申屠嘉坐在家中，写了一道手令，请邓通到相府来一趟，如果他不肯的话，就会把邓通处死。邓通心里非常害怕，便进宫和文帝诉苦。文帝看到邓通委屈的样子，心里非常的难过，对邓通说："没事，你放心前去，你到之后，我会立即派人传召你入宫。"邓通这才放下心来，来到丞相府之后，摘帽脱鞋，急忙给申屠嘉叩头谢罪。申屠嘉正眼都没有看他一眼，很随便地坐在了一边，故意怠慢邓通，不以礼待他，并严厉的斥责他，说："朝廷嘛，本来就是汉高祖的朝廷。而你邓通算什么，只不过是一个小小的臣子，却有胆量在大殿之上不拘礼数，随随便便，你知道自己已经犯有大不敬之罪了吗？此罪本应杀头。快来人哪，马上执行，把他拖出去斩了！"邓通吓得跪地求饶，额头上已经碰得流出了鲜血，但是申屠嘉却无意饶恕他。文帝估摸着申屠嘉已经给了邓通教训，就命使者手持皇帝的节旄，说要召见邓通，并向申屠嘉表示歉意，说道："这是我最最亲近的臣子，请您饶了他吧！"邓通回宫后，一把鼻涕一把泪地对文帝说："皇上不知道，丞相差一点就杀了我！"

申屠嘉任丞相的职务已经五年了，孝文帝驾崩之后，孝景帝即皇帝位。景帝二年，晁错任内史一职，因为深受皇帝的宠爱，位高权重，经常为皇帝出谋划策，皇上对他也很器重，朝廷的法令制度也都是通过他的奏请皇帝才同意变更。与此同时，晁错还和皇帝讨论如何削弱诸侯的权力。申屠嘉虽位居丞相之位，但是皇帝却听不进去他说的话，因此申屠嘉对晁错记恨在心，欲除之而后快。晁错任内史一职，内史府大门原来是由东边通出宫外的，这就给他的进出带来了许多不便，为了方便自己出行，晁错便自作主张另外凿了一道墙门向南通出。不巧的是这道新凿出的墙对着的正好是太上皇宗庙的外墙，申屠嘉听到这件事之后，就想凭借晁错擅自凿开宗庙围墙的门为由，将他治罪法办，立即奏请皇上处死他，但有人将这件事告诉了晁错。晁错心里非常害怕，就连夜进宫，求见皇上，自动向汉景帝承认错误，说明情由。第二天早朝时，丞相申屠嘉奏请皇帝诛杀内史晁错。汉景帝笑一笑，说道："内史晁错所凿的围墙并不是什么宗庙墙，只是宗庙的外围短墙，所以才会有很多的官员在里面居住，况且这件事我也知道，本就是我让他这样做的，这样看来晁错有什么罪过吗？"退朝之后，申屠嘉很是气愤，对长史说："我现在真是后悔，当时没有立即杀了晁错，而先禀告皇帝，反而被晁错这个家伙欺骗了。"回到家里后，申屠嘉因为气愤吐血而死，谥号"节侯"。

不太会做官的晁错

人物名片

晁错（前200—前154），是西汉文帝时的智囊人物，汉族，颍川（今河南禹县城南晁喜铺）人。汉文帝时，晁错以他出众的文才任太常掌故，后来任命太子舍人、博士、太子家令、贤文学等职位，在教导太子时受理深刻，辩才非凡，被太子刘启（即后来的景帝）尊为"智囊"。后因七国之乱晁错被腰斩于西安东市。

人物风云

晁错在平定七国之乱的过程中立下了汗马功劳。汉景帝刘启统治初期，任命晁错为内史，这件事引起了丞相申屠嘉等一批老臣的极度不满。这是因为晁错本是西汉一个非常有才情的政治家。汉文帝在位时期曾被封为博士，兼太子家令。后来，他因为《论贵粟疏》及《请立边民什伍法奏》等文章而深受汉文帝嘉许，所以在公元前165年秋，被破格提升为中大夫。景帝偏爱他的才华，时不时地就对他论功行赏，而且晁错屡参谋议，汉景帝更是积极采纳，对他偏爱有加。这样一来，不免招致朝中文武百官的嫉妒，连申屠嘉也不例外，恨不能一下将晁错置于死地。晁错却偏偏不吃这一套，力排众议，坚持己见，就使一些人对他更加恨之入骨了。

汉景帝同他父亲一样，也喜欢知人善用，礼贤下士，爱惜人才。但是，他却因听信了小人的谗言，误杀了晁错，这确实是一个失误。这个过程，更是发人深思。

汉高祖刘邦和汉文帝两个时期分封了一些诸侯王。其中实力最强，疆土最开阔的就是吴王刘濞。而在文帝时期，诸侯王与朝廷的矛盾日益激化，以刘濞为首的部分诸侯王渐渐生出反叛之心。但介于文帝时期国力强盛，藩王不敢轻举妄动。景帝即位之后，矛盾一触即发，景帝召见晁错商讨此事，晁错建议景帝削藩，晚削不如早削，战争在所难免，建议到时候景帝可以御驾亲征，鼓舞士气。

晁错削藩的建议，遭到了外戚窦婴的极力反对。晁错的父亲听说后，专门从颍川赶到长安，极力劝阻他不要这样做，除非你找死。但是晁错不听父亲的劝阻，坚持己见，执意要削藩。老人家无可奈何之下服毒自尽。

景帝采纳了晁错的建议，预备全面削减王国的封地，这时候却又遭到了奸人袁盎的挑拨。当袁盎听说景帝准备削藩时，认为杀晁错的机会来了，便打着吴王"清君侧"为幌子，私下里挑拨景帝，说："削藩，势必会引起一场战争。以吴王刘濞的势力，皇上的胜算可以说是微乎其微，后果可想而知。晁错在这时候提出削藩的建议，名义上是削弱诸侯王的势力，实际上到最后受益的也是刘濞。到时候大汉势力必定大减，统治岌岌可危呀，希望皇上可以再三考虑。"汉景帝听了袁盎的一番话，觉得颇有几分道理，越想越觉得晁错实在可疑，就对袁盎说："如果七国真的是因为晁错出兵的话，我一定会杀了晁错，以谢天下。"就这样，景帝处死了晁错，真可惜了晁错的一片忠心就这样被糟蹋了，真是可悲啊！

景帝处死晁错以后，下了一道诏书，名字叫"七国诸侯退兵"。七国诸侯国不仅没有退兵的意思，反而加紧了进攻，特别是刘濞，开始仅仅以诛晁错为由发兵，现在却大胆撕下了伪装，毅然拒绝接受朝廷下的诏书，并宣布要自立为皇帝。汉景帝悔恨极了。实在走投无路了。开始自我反省，觉得对不起晁错，误信了谗言，错杀了忠良。随后，景帝调兵遣将，三个月之后，终于平定了叛乱。

七国之乱是帝王内部的权力之争，晁错却成了刘氏家族内部矛盾争斗的牺牲品，他死得好冤啊！

公正仁厚的丞相黄霸

> 人物名片

　　黄霸（前130—前51），字次公，中国西汉时期一位有名的大臣，出生于淮阳阳夏。生活在汉武帝、汉昭帝与汉宣帝时代。因为通晓文法、明察秋毫、清正廉洁、文治有方，生性温良，懂得谦让，在政事上更是外宽内明，推行教化，力劝耕桑。曾先后担任河南太守丞、廷尉、扬州刺史颍川太守等职务。五凤三年（前55）汉宣帝任命黄霸为丞相，封建成侯，总揽朝纲社稷的大权。后世将他和龚遂视作"循吏"的代表人物，二人合称"龚黄"。

> 人物风云

　　黄霸，出生于淮阳郡阳夏县。黄霸从小就喜欢法律，立志要做官。汉武帝末年，黄霸凭借待诏之位因为纳钱立功，受赏得到官职。因为黄霸是通过交纳钱财才获取这一官半职的，所以他的上司就不让他担任很高的职务，也不看重给他，仅仅让他管理郡国钱粮出入。黄霸勤勤恳恳，经他手整理的簿册都非常清楚，没有侵隐，当地的人们都称赞他廉洁奉公，因此被举荐担任河东均输长的职务，后又被推举担任河南太守丞一职。从小黄霸就养成了善于观察的好习惯，而且思维敏捷，加上通晓法律，生性温和善良又谦虚，足智多谋的他对于用人这方面又很有见地，在当地很受百姓的爱戴。在黄霸担任守丞的时候，无论是处事，还是议论，都能够符合法律，适合民心，当地太守十分信任他，对他很是器重，官吏对他也很尊敬。

　　自从汉武帝末年到汉昭帝即位之初，汉朝法律实施都非常的严厉苛刻。昭帝即位之后，因为年幼，大权一直掌握在大将军霍光的手里，大臣之间争权夺势的斗争不断，上官桀和燕王意图谋反，霍光杀死他们后，就遵从汉武帝时期的法度，用刑罚约束属下，正因为如此那些平庸无能的官员都崇尚严酷刑罚，自认为这样做才是有才能的表现，而黄霸却是一个例外，他一直以来都采用宽厚温和的政策。

汉昭帝去世之后，汉宣帝即皇帝位，因为汉宣帝在民间的那段时间深知小吏的苦楚，在听说黄霸之后，立即召黄霸进京，并下旨让黄霸担任廷尉正，经过几次决断疑难案件之后，廷尉对黄霸的公平赞不绝口。在黄霸的治理之下，百姓安居乐业，家家夜不闭户。

黄霸认为酷刑之下必多冤屈，所以对待那些犯了罪的人，黄霸都会尽力实行教化，如果仍然不从，才会使用刑罚，从来不会轻易替代损伤的长吏。黄霸凭借自己的宽大和明察秋毫获得了吏民的爱戴和拥护，户口逐年增加，而且黄霸任职之地的治绩也是天下第一。黄霸的优秀业绩得到皇上的赞许，对他更加的信任和器重，晋升他为京兆尹，俸禄二千石。黄霸的功绩不止如此，所以，不久之后，皇上因公再一次征召黄霸任太子太傅一职，后又迁升做了御史大夫，黄霸可以说是一路飙升，前途无量啊。

五凤三年，黄霸担任丞相一职，并被封为建成侯。黄霸在治理百姓这方面确实很有才华，他任丞相之后，因为在风度上不及丙吉、魏相、于定国等人，这就妨碍了他治理郡国时的功绩和名声，于是黄霸想要立威，压制不正之风。

当时，担任乐陵侯的史高凭借外戚亲属的身份蒙受皇恩，晋升为侍中之后业绩卓越，因此黄霸很器重他，于是向皇帝推荐史高担任太尉一职。皇上立即派尚书叫来黄霸，问他："太尉官已被废黜了这么久，之所以让丞相来兼任这项官职，是为了停息武备、修明文教。如果在国家没有事先准备的情况下，边境突发战事，那么朕的左右之臣都有能力担起将帅的重担。而宣布阐明教会意愿，通晓幽冥变换的道理，明察秋毫，公正严明，使监牢没有冤刑，乡邑之间也没有盗贼出没，这本就是您的职责啊。而关于将相的提升问题，是我的职责。侍中乐陵侯史高本就是宫中近臣，对于他的才干朕全部看在眼里，您又为什么超越自己的职责范围来推荐他呢？"尚书令接过丞相的奏对，黄霸赶紧脱帽谢罪，以求得皇上的原谅，为了小惩大诫，黄霸过了几天之后才被免罪。从此之后，黄霸便再也不敢有所请求了。

从大汉朝建立的时候算起，只要是谈及管理百姓的官员，再也没有人超越黄霸，黄霸的政绩堪称汉朝第一。

黄霸担任丞相一职有五年。甘露三年的时候，黄霸因病去世，谥号定侯。黄霸逝世之后，皇上最终让乐陵侯史高担任了大司马的职务。由黄霸之子思侯黄赏担任关都尉的要职，子承父业。一直到王莽时才被废除。

硬脖子的洛阳令董宣

> 人物名片

董宣（生卒年不祥），字少平，今河南人。在东汉时期陆续任职北海相、江夏太守、洛阳令等职位。董宣任职期间，不畏权势，在达官贵人面前也不会低头。他在任职洛阳令的时候，当时光武帝刘秀的姐姐湖阳公主家中的奴仆，依仗着公主家的势力杀人，因为湖阳公主的包庇而逍遥法外。董宣知道后，当街拦住湖阳公主所乘坐的马车，让那位杀人的奴仆下车，然后将他杀死。公主将这件事告诉了刘秀，刘秀命令董宣向自己的姐姐叩头谢罪，董宣却怎么样也不肯低头。刘秀则命令旁人将他强行按在地上，就算这样也不能让他低下自己的脑袋。无论是多大的权势，董宣都不畏惧，人们也就给他一个"卧虎"的称号。

> 人物风云

董宣是东汉时期的一个公正严明的官员，被光武帝刘秀称为"强项令"，也就是说董宣在律法面前一视同仁，不畏惧达官贵人的权利，更不会因为自己触犯了贵族的利益而低头认罪。

汉光武帝时期，镇压了绿林、赤眉这两支起义军队，还陆续将割据政权逐渐收回到自己的手中，结束了中国乱世的局面，统一了中国。汉光武帝称帝后，将都城定在了洛阳。当时汉高祖刘邦所建立的朝代称之为西汉，所以，后人也将刘秀创建的朝代称为东汉。

汉光武帝建朝之后，深知百姓疾苦，恨透了乱世纷争，强取豪夺的社会局势，于是顺应民意，采取有利于发展的休养生息政策。比如说减轻老百姓的赋税，将多余的婢女释放出宫安置，裁掉不中用的官差，并且还时常会大赦天下。因此，在光武帝统治的时候，汉朝的经济有了喘息的机会，逐渐恢复和发展。

我们都知道，武力打天下，法令治天下。但是，法令对于普通老百姓而言就是悬在自己头上的一把刀，时时约束着自己，而对于达官显贵而言，只是存在的一条律法而已。

光武帝在位的时候，京都洛阳却是整个国家中最难管理的地区。正因为洛阳城内居住的都是皇亲国戚和达官显贵，这些权势滔天的人，他们对于自己家中儿女的横行霸道置若罔闻，甚至家中的奴仆也是狗仗人势，作恶多端。朝廷连着派遣了几任洛阳县令，都没有收到很好的效果，这些显贵们完全不将这小小的县令放在眼里。最后，光武帝万般无奈之下，便想到了这位严明的官员董宣，于是便任命他为洛阳县令，而此时，董宣已经69岁高龄。董宣上任后，并没有像前几任县令一样，畏惧权势，他还是和从前一样，公正不阿，第一件很棘手的案子便是湖阳公主家的下人杀人案。

湖阳公主也是当今皇上光武帝刘秀的亲姐姐，正是因为这样，湖阳公主依仗着自己的弟弟是皇上，而在家中圈养着一帮很凶狠的狗仗人势的家奴，就在洛阳城内欺压百姓，无恶不作，霸道蛮横，使得城中百姓有苦不敢言，有苦无处说。

有一次，湖阳公主府上的一个家奴当街将人杀死，董宣则马上下了逮捕他的命令。可是，这个家奴却跑进湖阳公主的府第里再也不出来了，湖阳公主的府邸就是给一百个胆子，也没人敢进去搜查，但是案子也不能不办，这让董宣想破了脑袋，也不知道怎么做。思来想去，最后只得派人将整个湖阳公主府监视起来，只要那个恶奴一出公主府，就马上逮捕。

这件事已经过去好几天了，湖阳公主见董宣也没有进一步的行动，于是便认为这位新上任的县令只不过是做给百姓看的，树立自己的权威，实际上还是和前几任县令一样害怕自己的权势，做做样子而已。于是湖阳公主便带着这个家奴明目张胆地出行，而他们一行人正好被董宣的人马发现，立即回去向董宣报告说："那个恶奴已经出府，但是由于身旁跟着湖阳公主，根本就没有逮捕的机会。"董宣听后，马上带着自己的属下到他们的路径之地拦截。而马车上的湖阳公主，见自己的车子被拦了下来，竟然是一个糟老头，竟然这么无视自己的身份，于是十分傲慢地问道："你是何人？竟敢拦截我的马车，难道你不知道我是谁吗？还是你活得不耐烦了？"

　　董宣上前向湖阳公主施了个礼，说道："我就是新上任的洛阳县令董宣，还是烦请湖阳公主将那个杀人的奴才交出来！"而那位站在随行队伍里面的恶奴知道大事不好，便急忙钻进湖阳公主乘坐的车子里，吓得藏在湖阳公主的身后。湖阳公主听了董宣的话，眼睛里充满了不屑，高高地抬起头，不以为然地说："你真是好大的胆子，拦截我湖阳公主的马车，你有几个脑袋也不够砍！"但是湖阳公主并没有想到，她的一番话对于董宣来说并没有什么震慑力，只见这个白发苍苍的老头瞪着眼睛，拔下自己腰间的佩剑，十分生气地质问湖阳公主："你身为汉朝的公主，代表着皇家的权威，可是你却带头蔑视朝廷律法，你这又是该当何罪？"这时湖阳公主看到自己面前这个怒发冲冠的老头，被他身上散发的凛然气势被镇住了，一时之间也找不到别的理由，变得有点不知所措。这个时候，董宣接着又说道："王子犯法还与庶民同罪，何况只是一个小小的家奴呢？皇上既然封我为洛阳的县令，我就是洛阳的父母官，就要为百姓的利益着想，在我的任期中，不能容许这样的恶徒逍遥法外！"董宣一声令下，洛阳府邸的官吏便一起上前，将那个杀害无辜的凶犯拖出来，当场处死。

　　湖阳公主认为董宣的做法不把自己放在眼里，是对自己权利的蔑视，当场气得浑身颤抖，嘴唇哆嗦。其实，对于湖阳公主来说，死了一个家奴，她并没有放在心上，她所气愤的是，董宣竟然当着洛阳百姓的面，在大街上对她如此的羞辱，这让她怎么甘心。湖阳公主越想越气，也顾不得继续和董宣争吵，当即立马命人掉转车头，向皇宫的方向驶去。湖阳公主刚一见到自己的亲弟光武帝刘秀，便大吵大闹，刘秀见状，便问自己姐姐到底发生了什么事情，湖阳公主哭哭啼啼地将整个事情告诉了他，光武帝听后，也是气愤万分。光武帝认为董宣不尊重自己姐姐就是不尊重他这个一国的君王，真是可恶！一想到这里，刘秀便对自己的侍卫说："赶快把这个逆臣给带上来，竟敢忤逆公主，我要将他打死在公主面前！"

董宣被人召进大殿之后，不顾姐弟俩要吃人的眼光，对光武帝作揖说："皇上，请听完我说的话，再处死我吧！"光武帝还正在气头上，便对董宣说："你真是不知好歹，死到临头还有什么话可说！"董宣老泪纵横，但还是很严肃地说："皇上您是一个贤明的君王，这才有了汉朝再次繁盛的局面。可是万万没想到，如今为了自己的姐姐，却纵容一个小小的家奴残害无辜，欺压百姓，使之逍遥法外！而现在却要把一个维护国家治安，严正国家律法，惩治国家小人的忠臣良将乱棍打死。老臣想不明白，皇上所推行的休养生息、安邦定国的策略有什么用？！您口口声声说着为百姓的利益着想，为百姓谋福祉，可是眼下皇上的亲姐姐就可以在洛阳城内作恶多端、纵奴杀人，皇上对此却视而不见，相反，却是要将维护律法的老臣置于死地，请问皇上，律法在皇族的眼中犹如一纸空文，那么制定律法还有什么意义呢？皇上的大好江山要用什么方法来治理呢？如果只是想置我于死地，那也不必如此劳师动众，我自己一死便是了。"说完这番话，董宣便撞向自己旁边的殿柱上，当场便是撞得头破血流。

光武帝并不是一个昏君，听完董宣的一番话，他自己也知道董宣做得并没有错，而心中也对这个刚正不阿的老臣充满了敬佩。再看到地上这个血流满面的老人，刘秀是非常地后悔，赶紧让人将董宣搀扶起来，还传太医为他包扎好伤口，说道："看在你如此忠心为国的份上，就不再追究你的过错了，但是你当街使湖阳公主难堪，最起码你应该给湖阳公主磕个头，道个歉啊！"董宣却认为自己并没有错，无论如何也不会给湖阳公主道歉，所以还是站在那里，对于光武帝的话也不遵从。光武帝看到董宣这样，也没有办法，但是旁边自己的姐姐也是一肚子的委屈，于是命令自己身边的侍从，将董宣半拉半扯地扶到湖阳公主的面前，可是无论两个侍从怎么按董宣，他都不肯低下头。湖阳公主心中也是知道自己没有道理，但是对于这件事还是耿耿于怀，觉得如果这口气不出，就不能呼吸一样，看到董宣这样，便冷笑着对自己的弟弟说："以前您还是一个普通老百姓的时候，把官府的势力都不放在眼里，甚至经常会让还在逃的罪犯藏在自己的家里。如今你自己做了这大汉的帝王，对于一个小小的洛阳县令也束手无策，真是丢尽了皇室的脸面！"光武帝刘秀听完姐姐的话，也没有生气，只是很巧妙地回答说："以前少不更事，而做了许多触犯律法的事，而现在正是因为我已经是一国之君，律法乃是治理国家的根本，我更应该做一个表率，严于律己，严格执法，如果还是像从前一样，那么这个江山如何能守住，你说是吧？"随后，光武帝又转过脸看着董宣说："你呀，真可谓是一个强项令啊，脖子也真是够硬，既然公主都不生气了，你还不下去！"从那以后，董宣便有了"强项令"这个称号，继续将那些不遵纪守法的达官贵族绳之以法。董宣这个名字令洛阳的土豪闻风丧胆，在他的治理下，洛阳的治安一天天变得好起来，百姓们也亲切地称他为"卧虎"。

贪官的克星李膺

人物名片

李膺（110—169），字元礼，出生在河南，他的祖父是李修，在安帝时期任太尉一职。他的父亲是李益，为赵国相。李膺的性情比较孤傲，所以，他所结交的朋友并不多，只和同郡的荀淑、陈寔等师友有往来。

人物风云

李膺自幼便熟读诗书，满腹才华，文能够授人学问，武能安邦定国，曾经被司徒胡广相中，做了青州刺史和渔阳太守等一些小的职位。当时正赶上鲜卑族几次侵犯汉朝边境，便又封李膺任职乌桓校尉一职。他带领着士兵，自己做表率，对敌人投来的箭石从不畏惧，屡战屡胜。后来，李膺因为一些事情被免去了官职，返回自己的家乡，开始设立学堂教书，听他上课的学生有一千多人，一时之间，名声大起。156年，鲜卑再次侵犯汉朝，汉桓帝重新任命李膺为大将军，征讨鲜卑。李膺刚到边境，鲜卑人害怕他的声威，吓得当场投降。

159年，李膺做了河南府尹。他曾与一些忠臣联手惩治那些作恶多端的宦官。比如有一次羊元群罢官回来之后，他不顾朝廷的法律，贪污受贿，在百姓的心中名声甚是狼藉,就算是厕所里面的一个小物品,他也会带走,贪婪程度可见一斑,而嫉恶如仇的李膺对他早就看不过眼了,他便奏请皇上处罚羊元群,而羊元群却用一大笔钱收买了皇上身边的宦官,使他自己逃过了惩罚,还借机诬陷李膺,将他和冯绲、刘佑等几位忠臣良将关入了大牢。朝中另一位大臣陈蕃几次上书求情都没有收到任何效果,最后刘质、成晋冤死于狱中,李膺与冯绲、刘佑等人则是被处罚去做了苦力。直到后来,司隶校尉应奉上疏为了他们而向皇上求情,这才使李膺脱离了苦海。

后来,皇上又任命李膺做司隶校尉,他还是像从前一样不畏强势,刚正不阿。当时汉桓帝身边的宦官张让,有一个弟弟叫张朔,任野王令一职,他依仗着自己的哥哥是皇上面前的红人,便无恶不作,残忍暴虐,甚至还变态到杀孕妇给自己取乐,这让李膺非常生气,于是他决定逮捕他。张朔听到消息后,他便连夜逃到了自己的哥哥张让家里,躲藏在"合柱"中,李膺知道后带着自己的人马直接闯进张宅,将张朔逮捕,审讯完之后,便将张朔立即处死。张让得知弟弟的消息,便向汉桓帝喊冤,汉桓帝质问李膺没有他的命令怎么就可以把人给斩了?李膺则是回答说:"以前孔夫子任职鲁国司寇的时候,上任短短七日便将少正卯杀死。而臣现在到任已经十天有余了,只是惩办了一个小小的张朔,本来我认为应该是我没有及时除去张朔这个祸害而有过,没想到却是因为将这个祸害处死而获罪。我知道自己这次闯下了大祸,但是我恳请皇上再宽限几日时间,让我多活五日,等我抓住那个罪魁祸首之后,然后任凭皇上处置。"李膺的一番话说的是有理有据,让汉桓帝无言以对,只好对张让说:"这件事情是你弟弟的不对,司隶有什么罪可言呢?"从这件事情之后,朝中的宦官都小心翼翼,就连说话也是轻声细语,假日里也不再出去玩耍,这让汉桓帝非常奇怪,问起原因,宦官们一致答道"害怕李校尉。"

李膺的这种行为,召来了许多宦官们的忌恨,但是也让许多忠心之士和一些学生非常尊敬和拥护他。太学生对他称道:"天下的臣民都应该像李元礼一样。"李膺在实际意义上也就成了太学生运动的灵魂人物。随着李膺的威望越来越大,朝中的宦官也就越来越想要将李膺置于死地。

166年,宦官一致污蔑李膺等人拉拢太学生,结党营私,败坏朝纲,有伤风俗。在宦官的策动下，汉桓帝信以为真，非常震怒，立即下令昭告天下，将李膺等200多人逮捕。这些人都被他们带上了手铐脚镣，头上还被蒙住，就这样每个人都遭受到了严刑拷打。但是李膺的骨头非常硬，反应也很机智，在他的供词中很多都牵涉了宦官的子弟，所以，为防惹祸上身，也就对他不予深究。太尉陈蕃对于这次的事件极力地反对，他向皇上上书说，"如今被关入大牢的人，在朝野上下也都是十分有威望的人，他们每一个人对汉朝忠心耿耿，鞍前马后，哪怕是厚赐他们十代的子孙都不为过，那还有让他们平白无故蒙受等屈辱的道理呢？"而皇上令他在处决李膺等人公文上签字的时候，被他很严厉地拒绝了。陈蕃字仲举，被太学生称为："不畏强权的陈仲举。"这个称呼对于陈蕃来说是很恰当的。汉桓帝皇后的父亲窦武，平时就特别喜欢与太学生结交，他也以汉桓帝岳父的身份奏请皇上赦免他们，并且还称病威胁汉恒帝，如果不放人，他就要辞去官职，最终迫使汉桓帝将它们释放，但是对他们判处终身监禁，一生不得为官。因为李膺等人的案件牵涉到一些宦官的子弟，使大部分宦官感到畏惧，他们请求桓帝按照天时大赦。于是桓帝下诏大赦天下，李膺被免罪，但是也被免官，他回到家乡，住在阳城山中。这也是东汉王朝成立后的第一次"党锢之祸"。

这次党锢之祸平息后，陈蕃也因为上书求情而被罢免了太尉的职位。可是这场暴风雨还没有结束，只是刚刚开始。李膺有一位学生名为荀爽，还特意写了一封信劝导李膺："这么长时间都没能去探望您，也没能亲耳听到您的教诲，我对您就像对我的父亲一样敬重，您不在身边的一天，就好像时间过去了一年一样。学生明白您因为坚持公道而被朝廷所不容，只好在阳城居住下来，每天与山水为伴。而最近听说汉桓帝大怒，废了陈太尉的官职，现如今，正义道德都被小人压制，坚守信义的人被朝廷废弃，聪明的人则是为了躲避灾祸而离开。这样做虽然违背了众人的愿望，但是在我自己看来也未尝不是一件好事。学生想您一定会同意的，对您的选择不会后悔。也祝愿您在家能够修身养性，平平安安地度过每一天，安于自己的生活，忘掉这尘世间的繁杂，和那漂浮不定的宦海。荀爽给他的老师写这封信的意愿就是：希望自己的老师能够在这个乱世中委屈一下自己的坚持。可是，荀爽怎么也想不到，在这种乱世中生存，大多数人都在劫难逃，李膺哪怕是"屈节"也还是很难免了杀身之祸，更何况，像李膺这样的人怎么可能为了苟活而"屈节"呢？

167年，汉桓帝驾崩，汉灵帝继位，窦太后垂帘听政，朝中的实权也全部落入大将军窦武的手中，于是重新任用陈蕃，封他为太傅，手中也掌握着一部分的实权。窦武和陈蕃一直以来都主张铲除专政的宦官，如今两人手上都有实权，也到了最佳的时机。于是两人共同商议下，任命尹勋为尚书令，而刘瑜为侍中，屯骑校尉由冯述担任，并且还将当年被罢免的李膺、刘猛、杜密等一些大臣入朝为官，想要将宦官的势力连根拔起。于是，一场轰轰烈烈的宦官铲除运动开始了，最初窦太后是不同意这样做，因为她自己也宠信了一个宦官曹节。但是陈蕃等人没有按照太后的旨意行事，而是将决定暗地里实行，无奈，他们的做法被宦官们察觉，反倒联合起来污蔑窦武、陈蕃等人叛乱，宦官曹节还带领众宦官劫持了窦太后和汉灵帝，最后窦武因为寡不敌众，而自杀身亡，陈蕃最后也被捕遇害。

窦武、陈蕃铲除宦官势力的举动是得到了很多人和太学生的大力支持。窦武、陈蕃死后，东汉王朝又开始了第二次"党锢之祸"，杀害了许多太学生和所谓的同党。这一次的党锢之祸，延续了十几年，范围之大，涉及之广，都是前所未有的。

这次祸乱之前，窦武这些人与太学生都联系紧密，势力相比之前也扩大了许多，而这些人也就开始互相标榜，各自取雅号。像是他们将李膺、荀翌、杜密、王畅、刘佑、魏朗、赵典、朱寓八人称为"八俊"，"因为都是英雄之辈。"而太学生们又将郭林宗、宗慈、巴肃、夏馥、范滂、尹勋、蔡衍、羊陟称为"八顾"，"他们的言行举止可以引领别人"。又称张俭、岑至、刘表、陈翔、孔昱、苑康、檀敷、翟超八人为"八及"，"他们能够引导人们。"还将度尚、张邈、王考、刘儒、胡母班、秦周、蕃向、王章称为"八厨"，"说他们用自己的钱财来救援别人。"在他们这三十五个人当中，除了窦武、刘淑和陈太尉之外，就属李膺的身份最显赫。

而第二次的党锢之祸，则是因为"八及"之一的张俭，不慎被小人污蔑而遭受牵连，一时之间，社会局势又动荡起来。

张俭事件发生后，很多人都劝说李膺赶快逃走。而李膺却回答道："遇到事情不害怕有危险，如果这有罪就不会躲避处罚，这就是一个做臣子的应有的气节。我现在已经六十岁，生死则是听天由命，还能在往哪里躲呢？"于是他自己主动奔赴大牢，随后被拷打至死。他的妻子被发放边远地区，而他的父兄则被他牵连都被关进了大牢，可谓是凄惨无比。

李膺最后的做法应该不会得到很多人的赞同，大丈夫能屈能伸，更何况是那样地死去，追求高风亮节，但也要死得其所。

刚正不阿的孔融

人物名片

孔融（153—208），字文举，鲁国人，东汉时期著名的文学家，"建安七子"之首。家学渊源，是孔子的第二十世孙，太山都尉孔宙之子。少有异才，勤奋好学。献帝登基之后，任命孔融为北军中侯、虎贲中郎将、北海相，时称孔北海。在任六年，修城邑，立学校，举贤才，表儒术。建安元年，征还为将作大匠，迁少府，又任太中大夫。性好宾客，喜欢评议时政，言辞激烈，后因触怒曹操，为曹操所杀。能诗善文。散文锋利简洁，代表作是《荐祢衡表》。其六言诗反映了汉末动乱的现实。

人物风云

在孔融十岁的时候，就跟随父亲来到了京城洛阳。那时候，士大夫李膺也居住在京城，李膺一般很少与人往来，若不是什么名士或者亲戚，守门的奴仆是不会通报的，否则就会李膺的斥责。当时的孔融仅仅十岁，因为很崇拜李膺的才华，很想看看李膺到底是一个什么样的人，于是登门拜访。小孔融到了李膺的府邸，看到守门人就说："我是士大夫李膺的一个远房亲戚，麻烦您给通报一声。"守门人一听，立即去向李膺通报，李膺接见了他。看他只是一个小孩子，李膺就问他，说道："小家伙，请问你与我有什么亲戚关系呀？"小孔融一点也不怯场，立即答道："我当然和你有关系了，从前我的祖先孔子与你家的祖先老子有师资之尊呢，这样算起来，我与你还是世交呢！"当时有很多的宾客在，对于小孔融的回答都感到很惊奇。不久，陈韪来到李膺的府第，宾客将这件告诉了他，他却不以为然，说："小时候优秀算什么，长大了未必优秀。"孔融听到，立刻反驳陈韪道："那么您小时候一定很聪明吧。"陈韪被小孔融噎得无话可说。李膺哈哈大笑，说道："你这么聪明将来肯定能成大器。"

东汉末年，"党锢之祸"风起云涌，宦官专权，权倾朝野，干涉朝政，大规模的搜捕、诛杀忠义之士。张俭因为得罪了宦官侯览遭到朝廷的通缉。孔融的哥哥孔褒是张俭的好朋友，于是张俭便来投奔他。不巧的是，孔褒当时不在家里，而孔融仅有十六岁。张俭觉得孔融的年纪太小，便没有将实情和他讲清楚。孔融看到张俭的神色慌张，便把张俭留了下来。之后事情败露，张俭慌忙逃走，连累孔融、孔褒下狱。孔融义正词严地说张俭是他留在家里的，他就应该负责；孔褒不肯，坚持要由自己负责；而孔母呢，说她身为一家之主，她应该负责，这样争来争去，"一门争死"。郡县官吏也拿不定主意了，只能上报朝廷，请皇上裁决。孔融因此声名鹊起。州郡好几次举荐他做官，却都被辞谢了。

汉灵帝时，孔融开始走入仕途，担起弹劾的重任，专门负责弹劾贪污官员。河南尹何进担任大将军一职，司徒杨赐让孔融带了贺礼前往祝贺，不想却被挡在了门外，孔融生气极了，随后留下自我弹劾状告辞了。这可把何进气恼了，私下里派人追杀孔融。宾客提醒何进说孔融有盛名，如果与他结怨，人才就会随之离去。何进为了讨好孔融，推荐孔融为侍御史，但是孔融素来与中丞赵舍不和，于是再次辞官。何进又一次辟举孔融为司空掾，北军中侯。孔融就职仅仅三日，就又升迁为虎贲中郎将。董卓总揽朝政之后，意图篡权夺位，想废掉汉少帝，取而代之，由于孔融生性耿直，言语之间多次冒犯董卓，董卓便怀恨在心，将孔融贬为议郎，随后又把孔融派到黄巾军最为猖獗的北海国为相。

孔融在北海的这段时间，起兵讲武，在讨伐黄巾军张饶的战役中，落败，继而迁居到保朱虚县。在那里，孔融建造城邑，设立学校，表显儒术荐举贤良郑玄、彭璆、邴原等，在当地颇有政声，百姓称他为"孔北海"。后来被管亥包围，派太史慈去平原县向刘备求救。刘备受宠若惊，立即发兵，很快便解除了困境。当时，袁绍、曹操的势力也逐渐强大起来，而孔融深知绍、操二人终究是要篡夺汉室的奸雄，所以，宁死也不想投靠他们。孔融部下左承祖好意劝说孔融投奔袁绍或者曹操，孔融一气之下，竟然把他杀了。建安元年，袁谭进攻北海，被攻下之后孔融逃往东山，他的妻儿不幸被袁谭虏获。

汉献帝迁都许昌之后，征召孔融担任将作大匠的职位，后晋升为少府，后又被封为太中大夫。孔融恃才负气，所出言论往往和传统相悖，多次反对曹操的决定。由于他对汉室一直忠心，主张增强汉室实权，这件事更是激怒了曹操。因此，在建安十三年八月壬子日，孔融被曹操诬陷，以招合徒众，意图谋反，"谤讪朝廷"、"不遵超仪"等一些莫须有的罪名杀害，株连九族，享年55岁。

志士建功，大展宏图

张骞出使西域全纪实

人物名片

张骞（约前164—前114），汉族，字子文，汉中郡城固县（今陕西省城固县）人，中国汉代卓越的探险家、旅行家与外交家，对丝绸之路的开拓有重大的贡献。开拓汉朝通往西域的南北道路，并从西域诸国引进了汗血马、葡萄、苜蓿、石榴、胡桃、胡麻等等。

人物风云

汉朝所说的西域，是指现今新疆和中亚细亚一带。这一地区和现今甘肃省的大部分以及宁夏等地，当时都在匈奴的控制下。汉朝与西域，当时是分居在匈奴的东西两边，不能直接来往。匈奴一直是汉朝严重的边患。汉武帝即位后，一心想彻底解除匈奴的威胁。从投降的匈奴人那里获悉，西域有个叫大月氏的国家，同匈奴有灭国杀君之仇。大月氏本在敦煌、祁连间（今甘肃河西走廊），后来被匈奴冒顿单于攻破。冒顿单于的儿子老上单于把大月氏王杀了，拿他的头颅作成酒器（有说尿器），作为胜利的纪念。大月氏被迫迁移到大夏（今中亚细亚布哈尔之南)。汉武帝想联合大月氏,由双方出兵夹击匈奴,施行"以夷制夷"的策略。但大月氏远在西域,与中国一向无来往,彼此相距万余里,如何去联系呢?非派遣一个有大勇、大略的人前往不可。

一个非凡勇敢、健壮的人被选中了,这人就是张骞。张骞是汉中城固(今陕西城固县人,在朝中任"郎"的官职(汉制,郎是殿廷侍卫的意思,不在正规编制之内)。汉武帝见他长得仪表非凡,心中甚是喜欢,使委以专使,前往大月氏。当时张骞不足30岁。

汉武帝建元二年(前139),张骞带领了一百多人的队伍,从长安出发远征。他的主要助手,是一名熟悉匈奴情况、名叫甘父的奴隶。张骞持"节"(一根七尺长的竹竿,挂着三把牦牛毛,表示皇帝使臣的身份),渡过黄河,悄悄进入河西,想通过河西匈奴地区,去西域寻找月氏国。不料,在河西西部沙漠里迷路,遭遇到大队匈奴骑兵,并被其俘虏。

张骞被带到单于处受审。因张骞所持汉节和致大月氏的玺书均已被匈奴兵卒搜去了,他无法隐瞒,便直言自己是汉朝派赴大月氏国的使者。张骞和他的部众全部被匈奴扣留。

单于对张骞说:"月氏在吾北(其实是在匈奴之西),汉何以得使?吾欲使越(指广东而言),汉肯听我乎?"为羁縻和软化张骞,单于选了一名胡女嫁给张骞为妻,目的不仅要留下他,而且要他投降,进而为匈奴筹划南下,以犯中国。

张骞手持汉节,忠心耿耿。被软禁了十年,随行的壮士几乎死散殆尽,只剩下二三十人,但张骞心如铁石,对国家所赋予的使命未曾忘记一日。日久年深,匈奴对他的监视也宽懈了。一日,乘匈奴不备,他率部分属员向西逃去。他们在茫茫沙漠中走了几十天,又迷了路。张骞以日月星辰判明了方位。饮食发生困难,幸赖甘父善射,猎得飞禽走兽来充饥解渴。历经百般艰辛,他们走了十几天,终于到达西域大国之一的大宛(今吉尔吉斯共和国一带)。

大宛国王早就听说东方有一地大物博、富庶繁荣的中国,见到中国人来访,非常高兴,殷切款待,敬如上宾。张骞表明来意后说道:"如果国王肯助我到月氏国,将来回汉朝后必重礼相谢。"大宛王很羡慕汉朝的稀珍财物,于是派人护送他们到康居国(今土库曼斯坦),由康居转至大月氏。

这时，大月氏太子即位，而且因大月氏已征服了大夏，有肥沃的土地，生活富裕，四境安宁，已无意再向匈奴轻起干戈，报复旧仇。张骞虽一再游说，费尽口舌，终不能说服月氏人与汉朝联盟夹击匈奴。大月氏王对汉使千万里迢迢来访，很是感动，但的确感到两国相距遥远，夹击匈奴之策万难实现。远隔万水千山，同汉朝结盟，只能是愿望而已。

张骞在大月氏住了一年多，终于怀着失望的心情，颓然而返。

回程时，为免遭匈奴留难，也为探寻新的路线，张骞取道南山，想经羌中东来避开匈奴。不幸，过羌中后，又为匈奴游骑所俘。张骞原以为此次必死无疑，但在匈奴一年多后（前126），老单于病故，太子和他的弟弟为争王位发生内讧。张骞乘机携胡妻得以逃出。张骞出使时，同去壮工一百人，归来时只剩下了甘父二人。

汉武帝得到张骞生还消息，大喜过望，立即召见。

张骞于建元二年（前139）出使，元朔三年（前126）回朝。前后历时十三年。不管遇到何等艰难险阻，那代表他神圣使命的"节"，始终握在手中。汉武帝在长乐宫接见张骞时，张骞把那几乎脱光了毛的"节"，双手捧献给武帝。武帝很感动，拜张骞为太中大夫。甘父被封为奉使君，尊称为堂邑父，以酬其多年的辛劳。

张骞虽未完成同大月氏国结盟、以夷制夷的战略使命，但他把在西域的所见所闻启奏汉武帝后，使武帝对西域产生了极大的兴趣。

张骞向汉武帝详细陈述了西域的情形："西域的范围很大，有三十多个国家，都在匈奴之西、乌孙之南（今伊犁河上游），南北有大山，中央有大河，那河东西长六千多里（今新疆之塔里木河）有东西两源。西源出葱岭，东源出于阗。于阗（今新疆于阗、和阗间）是西域一个小国，在南山之下。南山之上终年积雪，又叫做雪山。雪山地势很高，好像一座房顶。于阗以西的河水都向西流，于阗以东的河水都向东流，流入一个大湖。湖水都是咸的，叫做盐泽（今之罗布泊）。这盐泽中的水，春夏不增、冬秋不减。原来盐泽之东，有一条伏流，从地底下潜行。东南由积石山流出，那就是黄河的源泉。这儿是胡马羌人活动的地方。从陇西往西域，必须经过这胡羌之地。到西域的路有两条，沿大河南岸，南北山麓，可通莎车（今新疆莎车），这是南道。沿大河北岸，经北方之麓，一直通到疏勒（今新疆疏勒），再越过几层大山，就是大宛、康居，这是北道。

"臣从匈奴逃出，沿北道至大宛。大宛距长安一万两千余里，人口三十多万，地方富庶，人民多以耕种为生。那里的人好饮酒，富者往往藏酒万石，几十年也饮不完。那里有一种果实，累累如珍珠一般，甜蜜可口，叫做葡萄；又有一种草，青翠芳香，名叫苜蓿。平时，人食葡萄，马喂苜蓿。大宛的马，更是可爱，有一丈多高，二丈多长，浑身棕赤，如火练一般，一日可行千里。还有一个特点，那马每到日中出汗，汗下如血，故叫做汗血马……"

汉武帝听张骞所讲，不禁叹息道：这般好的地方，可惜路途遥远，又为匈奴、羌人所阻，不能交通。

张骞道："臣此行，发现一条新路，可不穿过匈奴、羌中而直达西域。臣身履其境的有大宛、大月氏、大夏、康古。听说附近还有五六个大国。臣在大夏时，见到邛（今四川）的竹杖和蜀布（细麻布）。据大夏人讲，这些东西都是从身毒国（今印度）买得的。可见，身毒国距我蜀地一定不很远。如自蜀、经身毒国、大夏而到达西域，或许是通大宛的一条捷径哩！"

武帝听张骞讲西域、通西域的途径，大喜，拜张骞为博望侯。

张骞被封为博望侯不到两年，被降为庶民。那时元狩三年（前120），霍去病由陇出击匈奴，派张骞和李广由右北平（今北京）分道出击。李广所部，被匈奴右贤王所率四万骑兵包围。李广虽杀匈奴兵三千，但汉兵伤亡四千人之多。幸赖张骞率兵及时赶到，使李广脱身，但张骞因行军迟缓而被判处死刑。幸亏他以前对国家有功，免死罪，但被削去"博望侯"封号，降为庶民。

张骞失去了博望侯的功名，心中难免怏怏不快，很想有机会再出国一次，以求立功报国。恰在此时，武帝又召他入宫，垂问西域情形。张骞便向武帝讲述了西域的一个故事：

"匈奴之西，大宛东北，有个国家叫乌孙。乌孙王名叫昆莫。昆莫的父亲难兜靡，原住在祁连山和敦煌之间，与大月氏毗邻。昆莫刚出世时，大月氏攻击乌孙，将难兜靡杀死，昆莫被弃在旷野里。后来，昆莫被乌孙翎侯（乌孙官名）抱起，辗转逃到匈奴。匈奴王以昆莫被弃不死，视为神人，便收养了他。昆莫长大成人后，英武非凡，屡立战功。匈奴便拨给他一支军马，助他复国。昆莫号召国人为父复仇，一战将大月氏击败。大月氏因此才被赶到西方。由于乌孙故土已为匈奴占领，昆莫便在现在的地方重建国家，但每每眷念故土。

"自匈奴老王死后，乌孙和匈奴的感情日疏，常常发生冲突。这些西域小国，无不贪恋中国的玉帛和汉室女子。如果我们能遣使，赐以金帛，约为婚姻，那乌孙必来归附。这样，联乌孙以制匈奴，才是断匈奴右臂、一劳永逸之计。"

张骞的一席话打动了武帝，他起用张骞为中郎将。元狩四年（前119），张骞带了三百随从、六百匹马、万头牛羊、千万金银，浩浩荡荡出使乌孙（今巴尔喀什湖、伊犁一带），打通西域，以断匈奴右臂。

因霍去病已开辟了河西走廊，汉朝同西域间已有直接通途。张骞此次出使，一路上未遇什么风险，顺利地到达乌孙国。

乌孙地处葱岭以北，是西域诸国中一个较强大的国家，习俗与匈奴相似。张骞去不逢时，他到达乌孙时，乌孙王昆莫已年老，国内诸子争王位，全国已分裂为三，自顾不暇，哪里还有心思来接待远途而来的汉使。

张骞联乌孙以制匈奴的策略经交涉无结果，但他利用在乌孙停留的机会，派遣许多副使分别到大宛、康居、大月氏、大夏、安息、身毒等国去访问。

张骞此行，财力雄厚、人才众多。他安排的这番大规模外交行动，很有成效。各国都派使答礼，一时间齐集乌孙。随后，乌孙也派了使者数十人，携带骏马数十匹，随张骞来中国观光。

各国使者，久闻汉朝国势鼎盛，今日一见长安城中宫殿之宏伟、帝王之尊严、兵马之雄壮、民众之富强，无不触目惊心。他们回朝报告时，把汉朝说得如天堂一般。从此，乌孙同汉朝的关系更前进了一步。

张骞是在武帝元鼎二年（前115）回到长安的，被拜为大行令（大行，即如今之大使），位列九卿，专门管理对外联络。不幸的是，张骞未能亲眼看到他同西域各国联络的成果。因劳累过度，他回国后一年多就与世长辞了。

"大隐隐于朝"的东方朔

人物名片

东方朔（前154年—前93），原本姓张，字曼倩，是西汉时期著名辞赋家之一，而他在朝政方面有很独到的见解，他曾经说起政治上的得失，说道发展农业以应对战争的强国策略，但是汉武帝就把他看做一个小小的乐舞官人，一直以来都没有得到重用。东方朔在他的一生中，写下了许多著名的言论，后来被人整理成了《东方太中集》一书。

人物风云

汉武帝刘彻登基以后，广纳天下有才能的人，这便使得各地的奇人异士，文人学者纷纷上书应聘，东方朔便是其中一位，东方朔写了三千片竹简，两个人合力才能够将它扛起，汉武帝也是连续读了两个月才将它全部看完。在东方朔的上书中写道："我自小的时候，父母离去，我便跟着自己的哥哥嫂嫂生活。直到我十三岁的时候，才有了读书的机会，自知机会来之不易，所以比常人更加努力刻苦地学习，用近三年的时间读完了所有的文史书籍。到我十五岁的那一年，跟着一个师傅学习剑术，十六岁那年开始学习《诗》，《书》，总共读了二十二万字。十九岁的时候便开始研究兵法，熟读兵书，对于各种兵器的用法也是比较熟悉，在这方面我也是一共读了有二十二万字，两项相加有四十四万字。对于子路我是无比的钦佩。而现如今我已经二十二岁了，是堂堂的七尺男儿。眼睛比较有神气，像夜明珠一样发亮，而牙齿就像靓丽的贝壳一样洁白整齐，如孟贲般的勇猛无畏，如庆忌般的身手敏捷，如鲍叔般的清廉节约，如尾生般的有情有义。我东方朔便是一个这样的人，有资格做皇上你的大臣吧！臣东方朔冒着被杀头的危险，再次向您举荐自己。"汉武帝看了东方朔夸张的自荐书之后，对于书中所流露的豪气是无比的赞赏，于是便下令让他在公车署中待诏。

自从来到公车署以后，朝廷俸禄比较少，而已经来到这里很久了，却连皇上的影子都没有看到，这让东方朔非常不满。为了能够很快地见到汉武帝，他便想出了一个办法，他故意给那几个养马的侏儒说："皇上因为你们这几个种田不能种，打仗又不行，治国安邦更是没有那样的才华，总的来说，你们几个人对汉朝根本就是没有一点用处，所以汉武帝打算将你们几个人杀掉。你们还不赶紧去求皇帝免去你们的死罪！"侏儒们听了东方朔的话，心中都十分恐慌，哭着去汉武帝那里请求饶恕。汉武帝仔细了解事情原委后，立即将这个造谣的东方朔召来责问。东方朔的如意算盘总算成功了，他也得到了亲自面见皇上的机会。他略带幽默地说："我这么做也是没有办法的啊。他们几个人身高才三尺，而我高却是九尺，但是所挣的朝廷俸禄却都是一样的，这样下来，总不能让他们撑死而让我这个九尺的人饿死吧！皇上如果感觉我没有才能，不能重用我，那么就干脆让我出宫好了，这样下去，只会浪费粮食。"东方朔略带调侃的一番话，让汉武帝哈哈大笑起来，于是便命他在金马门待诏，没过多长时间，他又被封为侍郎，跟在汉武帝的身边。

汉武帝平时非常喜欢玩游戏，在闲暇之余，经常会出一些谜语，让自己的侍从猜测。而东方朔每一次都能够猜中，并且回答得也非常流利，汉武帝对他很是宠爱。而东方朔也是抓住这个机会，多次向汉武帝进谏自己对朝政的看法。

汉武帝刘彻的姑妈馆陶公主，就是窦漪房的女儿，也叫窦太主，她的丈夫堂邑侯陈午离世后，她自己一直没有再嫁，守寡多年，现在已经是五十多岁了。平常的时候，有一些卖珠宝的人经常会到她家去，其中有一个女子，她十三岁的儿子特别漂亮可爱，这让馆陶公主十分喜欢，便将他带在自己的身边，并找来师傅教他骑射剑术，他就是董偃。等到他十八岁的时候，就已经是一个非常英俊的少年。他与馆陶公主外出的时候同乘一辆马车，而在公主府则是同卧一榻，两人的关系十分亲密，整个京师全都知道他们之间非同寻常，于是便称董偃为董君。

有一天，汉武帝刘彻去公主府看望她，公主知道后比较激动，亲自为汉武帝做宴席。汉武帝在席上对馆陶公主要求见见这个董君，于是公主便将董偃叫了出来。汉武帝抬头一看，只见董军的头上戴着一顶绿帽子，手上还套着一个皮筒子，就这样跟在馆陶公主的后面，对武帝说："臣便是董偃，是公主家的厨师，今日能见君颜，万分荣幸，叩见吾皇万岁！"汉武帝看见他长相非常俊美，心中对他也是十分的喜欢，当下命人给了他很多的赏赐，并称他为"主人翁"。从这以后，董偃便常常陪着汉武帝斗鸡走狗，一起狩猎踢球。他和汉武帝的关系也是渐渐的熟识起来，名声在京城也是十分的响亮，京城中的每一个王公贵戚都认识他。

有一次，汉武帝刘彻在宣室摆下了酒宴来招待馆陶公主和董偃。当馆陶公主带着董君刚要进入宣室的时候，东方朔便拿着长枪拦住他们，对汉武帝说："董偃不能进入宣室，他身上有三个罪名足以将他处死：他人前是臣民，私底下却侍奉着馆陶公主，这是罪状之一；他的做法蔑视我朝的婚姻礼制，有伤大雅，损害了先帝所制定的法制，这是他的罪状之二；皇上现在正值壮年时期，必须将全部的心思放在六经之上，关心朝政大事，学习尧舜时期的治国安邦的策略，遵照我汉朝三代帝王的教化，而董偃不但没有对皇上您加以劝导，反而享受着奢靡的生活，浪费过度，只知道自己一时的享乐，追求自己的耳目享受，他走的道是邪门歪道，走的路是淫僻之路，这些行为都有害于国家社稷，是汉朝的罪人，皇上，这便是他的罪状之三啊。"汉武帝刘彻听完东方朔的话，低着头没有说一句话，过了很长的一段时间才说："既然已经在宣室设下了酒宴，这次就算了吧！"东方朔接着说："当然不行。宣室乃是我朝先帝的正殿，如果不是商讨国家大事，怎么能够随意出入！只有这样，才能将淫乱的事情逐渐除去。千万不要落得这样的境地：竖貂曾经教齐桓公淫乱之术，最后还和易牙一起危害朝廷，使齐桓公丢失了江山；庆父在莒国缢死，鲁国的社会局势才安定下来；将管蔡诛灭，周室也才得到了稳定。"汉武帝听完说："确实如此。"便立即下令将酒宴改设于北宫。并且还让董君从东司马门进去，后来又将东司马门称为东交门。汉武帝因此还赏赐给东方朔三十斤黄金，同时，也渐渐远离了董偃，董偃在三十岁的时候就去世了。随后没有几年，馆陶公主也辞世，两人合葬在了霸陵。

东方朔是我国历史上一个充满智慧的人，他的一生活得潇洒，他自己写了推荐信给汉武帝，也捞得一个太中大夫的职位，但是却还是认为自己的才能没有得到展示的机会，对现在的位置并没有满足，他说"如果能够施展自己的才华，自己便是一头猛虎；而如果不能施展自己的才华，自己则是一只老鼠"，东方朔在朝堂上是汉武帝的宠臣，每一次都会将他讨厌的权臣玩弄于股掌之间。人们都说"高出不胜寒""伴君如伴虎"，但是在东方朔的身上却完全没有体现这一点。中国古代对一些高人隐士分成了三个等级，说："一般的隐士隐于山谷之中，而更高一点的隐士则是在人际繁杂的都市，而最大的隐者则是在这鱼龙混杂的官场上"，东方朔就属于最后的一种，人们称他为"大隐"、"智圣"。

公元前 138 年，汉武帝要给自己建造一个闲暇时可以游猎的场所，于是便选出了方圆百里的良田，命人建造了一个规模很大的林苑，用来打发时间。朝中很多的大臣对此就是顺着帝王的意思，双手赞同，而东方朔却是坚决反对："据说，一个人如果秉着谦虚谨慎的性格，上天便会赐福给他，而如果一个人奢侈成性，那么上天也会降下灾难给他。现在皇上您嫌弃现在的宫殿不够高大，苑林不够宽广，并且还要重新修建上林苑。试想一下，我国关中一带，土地肥沃，每年的产量也是非常可观，正是这样，我们的国家才得以太平，百姓也才能生活的富足，如果将这肥沃的土地用作上林苑的话，上对不起国家，下愧对于百姓；为了自己一时的享乐而建造虎鹿乐园，毁掉他人的坟墓，拆掉别人的房屋，这样就会使百姓流离失所，悲痛欲绝，进而会对朝廷产生怨恨。当日殷纣王为了建九市而造成了诸侯之间的叛乱，楚灵王为了建造章华台而落得一个民心尽失，秦始皇修筑阿房宫而导致了天下大乱。这些古人的实例，一定要借鉴，不能没有察觉啊。"汉武帝心中虽然还是想修上林苑，但是对于东方朔的直言不讳还是非常的欣赏，便又下诏赐给东方朔一百斤黄金，还封他为太中大夫给事中的官衔。

汉武帝的妹妹隆虑公主晚年才生了一个儿子，被汉武帝封为昭平君，对他宠爱有加，因此也养成了他骄横霸道的性格，有一次，昭平君喝酒之后杀死了一个人，审理此事的官员都不知道怎么办，于是只能向汉武帝请示。因为碍于汉朝的法律，汉武帝不好明着将他赦免。于是在众臣面前，做做样子，暗示廷尉免了昭平君的罪。所有的大臣都明白汉武帝心中是怎么想的，于是便都为昭平君求情，只有东方朔装作自己什么都不知道，还对汉武帝赞扬道："贤明的君王执政，惩罚和奖赏都不避讳自己的仇敌，而诛杀也不会避讳自己的骨肉。当今圣上如此的严明，乃是天下老百姓的福气啊！"他的这番话让汉武帝很难再徇私枉法，只好按照汉朝的律法将昭平君处置了。

汉武帝一向是好大喜功，更是喜欢大臣们对他歌功颂德。有一次，汉武帝向东方朔问道："在先生的眼中，朕是一个怎样的帝王呢？"东方朔回答说："皇上的功劳，要比古时的三皇五帝厉害多了，要不然也不会有这么多有才能的人愿意辅佐您啊，例如您的丞相周公旦、邵公等，您的做御史大夫孔丘啊，还有您的大将军姜子牙，等等，都是多么有才能的人的"东方朔接连说出来古时候32个有治国才能的贤臣都说是汉武帝的大臣。他说话的语气略带讽刺，但是姿态却又滑稽无比，让汉武帝哭笑不得的，只能一笑了事，但是在汉武帝心中也知道自己确实不如三皇五帝这些君王。

就这样，东方朔在这个复杂的朝堂上，能够如鱼得水，如果不是一个有着大智慧的人，怎么可能做到这一点呢？

少年英雄霍去病

人物名片

霍去病（前140—前117），西汉著名将领，河东平阳（今山西临汾）人。霍去病是西汉武帝时期的杰出军事家，任大司马骠骑将军。他多次率军与匈奴交战，将匈奴杀得节节败退，留下了"封狼居胥"的佳话。

人物风云

霍去病是大将军卫青姊卫少儿与平阳县吏霍仲孺私通所生。因为与皇戚的裙带关系，霍去病在十八岁就得到了皇帝的喜爱，做了侍中。元朔六年（前

123），霍去病被汉武帝任命为剽姚校尉，跟随大将军卫青出击匈奴。霍去病善骑射，作战勇敢。在一次作战中，他率领八百骁勇骑兵，深入数百里去寻歼匈奴，歼敌两千零六十八人，其中包括相国、当户和单于祖父辈籍若侯产。在战后行赏时汉武帝封食邑一千六百户，并赐冠军侯。

元狩二年（前121）春，霍去病被升任为骠骑将军，率领一万骑兵出陇西，越过乌戾山，历经六国，转战六天。在此战中，汉军杀死折兰王，砍下卢胡王的头颅，诛灭金甲，活捉浑邪王的儿子和相国、都尉，歼灭敌人八千多人。回师后，霍去病被加封二千户食邑。

这一年的夏天，霍去病与合骑将军公孙敖兵分两路攻打匈奴。合骑将军一方损兵折将，无功而返。而霍去病率军向前深入，与合骑侯失去联络后，越过居延泽，到达祁连山，俘获酋涂王，投降者二千五百人，斩杀三万零二百人，同时捕获五位小王和五个小王的母亲、单于阏氏和王子五十九人，相国、将军、当户、都尉六十三人。在班师回朝后，武帝加封五千户食邑给霍去病。

霍去病的军队配备精良，士兵、马匹和武器装备都要经过严格挑选。这也是他的军队取胜的关键。而霍去病本人英勇善战，是大家一致认同的。他本人经常深入敌人腹地作战，常常跟精壮骑兵跑在大部队前面。由于他胆大心细，所以，屡战屡胜，越来越受到皇上的宠信，其地位与大将军卫青不相上下。

元狩二年（前121）秋，匈奴单于由于恼怒浑邪王屡次被汉军打败，于是想将浑邪王召至单于庭而后诛杀，浑邪王于是想要投降汉朝，便派人先到汉边境约期投降。大行令李息得到消息后立即奏报朝廷。汉武帝担心匈奴利用诈降来偷袭，便派霍去病率军前去迎接。霍去病领兵渡过黄河，与浑邪王远近相望。浑邪王部将看到汉军，许多人都不想投降了，于是纷纷逃遁。霍去病飞马闯进匈奴军营与浑邪王相见，并斩杀了想逃跑的士兵，又命浑邪王乘驿车去面见皇帝，自己则率所降士兵数万人，号称十万人，返回长安。这一次，骠骑将军霍去病的名声大振，又增封食邑一千七百户。由于霍去病的这一胜利，使河西一带变得安定和平。从此汉朝开始控制河西地区，打开了通向西域的通道。

元狩四年（前119），汉武帝建议利用匈奴轻视汉军，认为汉军不敢渡过大漠作战，故而放松漠北防御之机，发兵攻打匈奴。经过商议，文武百官一致拥护汉武帝的建议。于是汉武帝命大将军卫青和骠骑将军霍去病各率五万骑兵，同时有步兵和运输部队共几十万人共同攻击匈奴。敢于力战深入的士兵都隶属于骠骑将军，而军需物资等都和大将军一起行动。

霍去病从代郡出兵，手下没有一个副将，全用李敢等高级校尉作为副将。在战斗中，霍去病直指匈奴左方的军队，大胜而归，功劳远胜于大将军卫青。武帝因此十分高兴，当众宣布："骠骑将军霍去病率军出征，亲自率领所俘虏的匈奴勇士，轻装前进。穿过大沙漠，涉水而擒获单于近臣章渠，诛杀比车耆，转攻左大将，夺取军旗战鼓。翻过离侯山，渡过弓闾水，捕获屯头王、韩王等三人，将军、相国、当户、都尉十三人，汉军减员只有十分之三，并从敌人那里夺取了粮草，远征军队的粮草却不绝。划五千八百户食邑加封给骠骑将军霍去病。"而随同骠骑将军作战的各将及校尉都因功封侯获食邑。

后来，汉朝设大司马一职，卫青和霍去病同为大司马。在俸禄方面，汉武帝还命制定法令使骠骑将军的俸禄与大将军卫青相同。因此，骠骑将军霍去病的权势日益显贵，超过了大将军，大将军的故交和门客都转投到了霍去病府下。

霍去病平时少言寡语，默默无闻，城府很深。他胆气内藏，敢作敢为。武帝曾教他孙武、吴起兵法，而他却回答说："作战只要看谋略如何就是了，不必学习古代兵法。"武帝赏赐他一座府第，让他去看看，他却回答说："匈奴未灭，何以为家。"霍去病这种有胆有识、不计较个人利益的行为深得皇帝的信赖。但是，因为霍去病身为外戚，少年时就受宠信，伺候于皇帝左右，被宠惯了，所以身上有摆脱不掉的贵族积习，不关心体恤士兵。霍去病率军出征时，武帝派给他的生活用品几十车，在作战结束后还有大量剩余，回来时霍去病命士兵扔掉这些物资，而自己手下的士兵却有挨饿的。霍去病在塞外时，士兵缺粮，有的人饿得要死，而他却仍画地为球场踢球，寻欢作乐。

元狩六年（前117），霍去病去世，年仅24岁。霍去病死后举国凭吊。武帝调发铁甲军，列队从长安直到茂陵，为他修建坟墓。霍去病谥号景桓侯，合并"武"和"广地"两层意思，哀荣无比。在霍去病死后，"匈奴未灭，何以为家"成了男儿报国的千古名句。

北海牧羊的苏武

> 人物名片

苏武（前140—前60），字子卿，汉族，杜陵（今陕西西安东南一带）人，西汉大臣。汉武帝时任中郎将。天汉元年（前100）奉命出使匈奴，被匈奴扣留多年。十年间苏武历尽千辛万苦，任凭匈奴威逼利诱从不屈服。至始元六年（前81），最终被匈奴释放回汉。苏武回国后，汉朝皇帝对其大加赞赏，在他死后，被汉宣帝列为麒麟阁十一功臣之一，以此来彰显他忠贞不屈的高尚节操。

> 人物风云

自从卫青、霍去病等人将匈奴打败以后，汉朝、匈奴双方口头上都表示愿意和好，并且也好几年没有战事，但事实上匈奴一直没有停止过进犯中原的野心。

匈奴的单于一次次派使者来汉朝求和，但是让人意想不到的是汉朝派去回访的使者，有的竟被他们扣押了。

公元前100年，当匈奴再次进犯汉朝边境时，汉武帝正要派兵攻打匈奴，匈奴就派了使者来向汉朝求和，同时还把原来扣押的汉朝使者都放了回来。汉武帝为了对匈奴的善意求和进行答复，就派当时官任中郎将的苏武拿着谈和用的旌节，带着他的副手张胜以及随员常惠，去匈奴回访了。

苏武到达了匈奴以后，将汉朝扣留的使者送回，并且送上了汉朝带来的礼物。苏武正在等待匈奴单于让他回去并带回信的时候，没想到一件倒霉的事发生了，并且让苏武以后的人生都发生了变化。

在苏武到达匈奴之前，有个叫卫律的汉人，他在出使匈奴后不久被扣押了，然后，就投降了匈奴。匈奴单于对他特别看重，就封他做了匈奴的王。

卫律有一个叫做虞常的部下，平日里对卫律的作为很不满意。他原来和张胜是朋友，也就是苏武的副手。他和张胜在暗地里商量杀了卫律，然后再将单于的母亲劫持了，立即逃回中原。

张胜对于虞常的建议表示赞同，但却不想和他一起实施。后来，没想到虞常计划失败，被匈奴人捉住了。单于对此事非常愤怒，下令审问虞常，并且要查出同谋。

苏武本来对这件事情毫不知情。可是这时候的张胜怕受到虞常的牵连，就把这件事完完整整地告诉了苏武。

苏武听完了张胜的话说："既然事情已经到了这样的地步，那么最终我一定会受到牵连。如果等到让人家审问完了再死，那不是更给咱们的大汉朝丢脸吗？"说罢，他就要拔刀自杀。幸好张胜和常惠眼明手快，将他手里的刀夺了下来，然后把他劝住了。

虞常虽然受尽了各种酷刑，但是他最终只承认了和张胜是朋友，并且两人曾经说过话，至于和他同谋，虞常拼死也不承认。

卫律将结果报告给单于。单于听完大怒，想立即将苏武杀死，但是被大臣们给劝阻下来，单于想了想，放弃了杀苏武的念头，但是叫卫律逼苏武投降。

苏武一听卫律是前来劝降的，就对他说："我作为大汉朝的使者，如果连自己前来回访的使命都违背了，连自己的气节都丧失了，那还有什么脸面活下去呢？"说完就拔出刀来自刺。

卫律见到这种情形，吓得慌忙将他一把抱住，但此时苏武已经严重受伤，昏了过去。

卫律慌忙叫人对苏武进行抢救，然后，苏武才慢慢地醒过来。

单于对于苏武的行为非常吃惊，觉得苏武是个好汉，有气节，于是对他十分钦佩。苏武的伤刚刚痊愈，单于就又想逼迫苏武投降匈奴。

单于派卫律对虞常进行审问，让苏武坐在一旁听着。然后，卫律又把虞常定为了死罪，接着就把他杀了；卫律又举剑对张胜进行威胁，张胜最终因为贪生怕死投降了。

卫律处置了张胜以后，对苏武说："你下属犯了罪，是因为你失职，管教不严，所以你也得连坐。"

苏武说："根据法律，我没有和他们同谋杀害你，又不是他们其中任何一个人的亲属，他们有自己的思想，他们犯了错为什么我要连坐？"

卫律又举起了剑对苏武进行威胁，苏武看着卫律不动声色。最终，卫律没有办法，只好放下了举起的剑，对苏武软语相劝道："其实刚开始我也和你一样，死活不投降匈奴，但是单于对我非常好，不仅封我为王，还给了我满山的牛羊和几万名部下，让我在这享尽了富贵荣华。这些都是我们在汉朝没有的待遇啊。如果先生能够向匈奴投降，你的明天也一定会和我一样，甚至会比我更好，何必这样固执，最终也许会白白地送掉性命呢？"

苏武听完卫律的话，突然怒气冲冲地站起来指着他说："卫律！你不要忘了你是汉人的儿子，你是大汉朝的臣子。可是现在你却忘恩负义，你叛国投敌，你背叛了生你养你的父母，厚颜无耻地成了汉奸，还能舰着脸来让我投降，你做梦吧，无论怎样我都不会投降的。"

卫律没有劝降苏武，反而碰了一鼻子灰，他回去向单于报告了这个情况。单于不信还能有这么倔强的人，就把苏武关在了他们的地窖里，不给他饭吃也不给他水喝，想尽了一切办法对他进行长期的折磨，逼他屈服投降。

这时候正是寒冷的冬季，地窖的外面下起了鹅毛般的大雪。苏武忍受着饥饿的折磨，渴了，他从地上捧起一把雪放在嘴里止渴；饿了，他就扯一些能够充饥的东西拿来啃，例如皮带、羊皮片等。就这样连续过了几天，他居然奇迹般地活了下来。

单于见对他进行折磨也没用，于是就把他送到了北海的边上，让他去那里去放羊，并且把他和常惠分开，不允许他们互相传递消息，单于还对苏武说："要想让我放你回去也可以，等到有一天公羊能够生小羊的时候，我就放你回去。"大家都知道公羊是不可能生小羊的，单于这样说的目的不过是在说苏武已经被长期监禁罢了。

在这之后，苏武就被送到了北海，让人没有想到的是当时的北海旁边连人都没有，唯一能够陪伴他的就是他手里那根代表朝廷的旌节。在北海的日子非常艰难，匈奴不给苏武提供口粮，他饿了只能挖掘一些野鼠洞里所储藏的果实。

日子久了，就连他手中那根旌节也变了样，节旄全掉了。

这样的日子一直到持续到公元前 85 年，所有的人似乎都忘记了这个守在北海上的人。匈奴的单于死了，匈奴内部也发生战乱，当时的匈奴被分裂成三个国家。新继位单于再也没有力量和精力去和汉朝打仗，就又派使者来到汉朝求和。那个时候，原来在位的汉武帝已经离世了，当时在位的皇帝是汉昭帝。汉昭帝立即派了汉朝使者到匈奴向当时的单于要人，让他们放回苏武，但匈奴不甘心，就对汉朝使者谎称苏武已死。派去的使者想这么多年过去了，苏武又受尽了磨难，就对单于的话信以为真了，此后也就再没提起过。

第二次，汉朝又派使者到匈奴回访，这时候苏武原来的随从常惠还留在匈奴。于是，他就想尽了办法把一个匈奴人买通了，谈后私下里和来匈奴回访的汉朝使者见了面，然后把苏武被原来的匈奴单于送去北海牧羊的情况告诉了他，并求大汉朝解救他们。使者了解了常惠的所说的情况，再次见到单于的时候，使者严厉地对他责备道："匈奴既然有意与我们大汉朝和好，实在不应该有事情欺骗汉朝皇室。那日，我们皇上在狩猎时射下一只大雁，没想到它的脚上却拴着一条绸子，绸子上面写着苏武还活着，可是你怎么就说他已经死了呢？这到底是什么原因呢？我们皇上对此事很看重，想知道匈奴是不是故意扣人不放啊？"

单于听完了使者的话，吓了一跳。他还真以为苏武的忠义连飞鸟都被他感动了，所以，大雁才替他送的消息。为此，他郑重地向使者道了歉，他对使者说："苏武的确实还活着，我们这就把他完好无损地送回去就是了。"

当初苏武去匈奴出使的时候只有四十岁。他在匈奴留了十九年。在这十九年里他受尽了折磨，胡须和头发都已经全白了。在他回到长安的当天，来迎接他的不只是他的家人、朋友，而是整个长安的人民。当他们看见白发苍苍的苏武手里拿着那根只剩下一根光杆子的旌节时，没有一个人不被他的精神所感动的，所有的人都在说他是大汉朝的英雄，是个有气节的大丈夫。

贪财的破胡壮侯陈汤

人物名片

陈汤（？—约前6），字子公，山阳瑕丘（今山东兖州北）人。汉元帝时任西域都护府副校尉。西汉建昭三年与甘延寿出兵西域，斩单于首，为安定边疆作出了很大的贡献。元帝赐其爵位为关内侯，并拜为射声校尉。成帝时，取消其爵位，后任从事中郎。最终又被免为庶人，徙居敦煌，后死于长安。在王莽执政后，追谥陈汤为"破胡壮侯"。

人物风云

陈汤少年时生活穷困，有时要靠乞讨度日。但是他喜欢读书，作文思路开阔。后来他流浪到了长安，认识了富平侯张勃，从此他的人生发生了很大的变化。初元二年（前47），汉元帝下诏，要求公侯大臣推荐人才，张勃便向朝廷推荐了陈汤。

但是，造化弄人，在等待分配期间，陈汤的父亲去世了。陈汤听到了死讯后，没有奔丧回家，这就触犯了那个时代的要求。有人就向皇上检举陈汤缺乏孝道，不遵守常规行事。于是朝廷谴责了张勃，以他举荐不当而削减了他的食邑二百户，同时还将陈汤拘捕下狱。后来经过贵人的帮助，陈汤终于被任为郎官。胸怀大志的陈汤主动请求出使外国，几年后被任为西域都护府副校尉，与校尉（正职）甘延寿奉命出使西域。

当时处于汉宣帝时期，西域的情况十分复杂，匈奴内乱，五个单于争夺王位，陈汤与甘延寿就是在了解了这些情况后，于建昭三年（前36）出兵西域的。陈汤为人沉稳，而且有勇有谋，善于把握全局。在出使西域时，陈汤、甘延寿只带了一支护卫军队，而不是征讨大军。当他们走出国境时，陈汤便对甘延寿说出了自己的想法：郅支单于剽悍残暴，称雄于西域，如果他再发展下去，必定是西域的祸患。现在他居地遥远，没有可以固守的城池，也没有善于使用强弩的将士，如果我们召集起屯田戍边的兵卒，再调用乌孙等国的兵员，直接去攻击郅支，他守是守不住的，逃跑也没有可藏之处。甘延寿同意了陈汤的建议，便说要奏请朝廷同意后行动。正在这个节骨眼上，甘延寿却得了病，此事就这样被耽搁了下来。

时间一天天过去了，如果再耽搁下去，一定会误事。于是陈汤便果断地采取了假传圣旨的措施，调集汉朝屯田之兵及车师国的兵员。甘延寿在病榻上知道这个消息后十分震惊，要知道擅自调动军队是触犯王法的。不料陈汤愤怒地说："大军已经汇集而来，你难道还想坏大家的事吗？不抓住战机，怎么能建功立业？"说完就集结军队，带着四万多人大张旗鼓地向北进发。

郅支单于得到汉军进攻的消息时，一开始打算逃跑，但又没有地方可去，后来一想不如坚守，汉兵远道而来，肯定不能长久地待下去。谁知汉兵的攻击十分猛烈，不到两天时间，城池就被汉军攻破了。郅支单于死于乱军之中。这次胜利，既剪除了为害西域的一大祸根，又为遇难受辱的汉使报仇雪恨，极大地提高了汉朝的大国威信。战后，甘延寿与陈汤立即写出上报朝廷的奏疏，派人连同郅支首级送回长安。

正当甘延寿与陈汤带领将士凯旋时，朝中的司隶校卫（执法官员）也从长安出发了，他们在大路上拦住了陈汤，对他进行检查。

原来有人告发陈汤私藏钱财，所以，司隶校卫拦路搜查，准备拘捕。陈汤立即上书皇帝说："我与将士们不远万里诛杀郅支单于，按理说，朝廷应派出使者来慰劳军队，并表示欢迎，如今却是司隶来检查审问，还要拘捕我，这不是为郅支报仇吗？"元帝听说后，便撤回了司隶，并令沿路县城摆设酒食夹道欢迎得胜之军过境。回朝之后，有大臣奏请治甘延寿和陈汤假传圣旨之罪。元帝一时拿不定主意，此事便议而不决，拖延了下来。

宗正刘向认为，对待甘延寿和陈汤的功大于过。他认为甘、陈"出百死，入绝域，斩郅支之首，悬旌万里之外，扬威昆仑之西，扫谷吉之耻，立千载之功，建万世之安，群臣之勋莫大焉"，应予封爵表彰。元帝看完刘向的上奏后，下诏赦免了甘、陈二人假传圣旨之罪，并封甘延寿为义成侯，赐陈汤爵位为关内侯，各赏食邑三百户、黄金一百斤，并拜陈汤为射生校尉，延寿为长水校尉。

成帝刘骜即位后，丞相匡衡又向成帝启奏陈汤私藏战品一事。于是成帝将陈汤免职。之后陈汤向成帝上书，说康居王送到汉朝来的王子（名为侍子，实有人质之意）不是真正的王子。成帝命人核实，确实是真王子。而陈汤犯了诬告乃至欺君之罪。于是成帝将陈汤逮捕入狱，准备处以死刑。这时，太中大夫谷永向成帝上书，极力赞誉陈汤的功绩，于是陈汤被成帝特赦，但却取消了他的爵位，成了一个士兵。

几年后，西域都护段会宗受到乌孙兵马的围攻，段会宗派人请求朝廷尽快发病援救。这时有人向成帝建议，请陈汤来帮助策划。于是，成帝就立即召见陈汤。可是，陈汤早在攻打郅支落下风湿病，两臂不能屈伸。他看了段会宗的紧急求救奏书后，推辞说："朝中的将相九卿都是贤能人才，我只是个被罢官的病人，不足以参与策划大事。"成帝听出他话中有怨气，便用哀求的口吻说："国家有了急事，你就不要推辞了。"陈汤这才说出了自己的想法：现在围攻会宗的乌孙兵马不足以战胜会宗，因此陛下尽管放心。即使发兵去救，轻骑平均每天可走五十里，重骑平均才三十里，根本不是救急之兵。因为陈汤知道乌孙之军皆乌合之众，不能持久进攻，因此，他推算了日期后说："现在那里的包围已经解除。不出五天，会有好消息的。"过了四天果然军书报回，说乌孙兵已解围而去。大将军王风通过这件事深感陈汤经验丰富，于是奏请成帝启用陈汤，任他为从事中郎。此后，每逢军事上的大事都请他做出决断。但是，陈汤经常接受别人贿赂的金钱，因此而身败名裂。

后来，陈汤被免职并贬为庶人，徙居敦煌。住了几年后，敦煌太守上书朝廷说："陈汤曾经诛杀郅支单于，威风远及外国，现在将为庶人，不宜住在边塞地方。"于是又把他迁到安定（今甘肃固原市）。议郎耿育看到陈汤处境可怜，便又上书于皇帝请求成帝予以关怀、照顾。于是，成帝下诏让陈汤迁回长安居住，不久陈汤去世。

过了几年，王莽执政之后，又追谥陈汤为"破胡壮侯"。

投笔从戎的班超

人物名片

班超（32—102），字仲升，汉族，出生于陕西咸阳，是东汉时期著名的军事家和外交家。班超便是我国著名的史学家班彪的小儿子，他的哥哥班固和妹妹班昭也都是东汉有名的史学家。班超是一个有大志向的人，不拘小节，但行事却是十分谨慎小心，明察秋毫。他曾经还出使西域，为平定西域，促进中华民族的融合做出了很大的贡献。

人物风云

汉明帝永平五年（62），班超的哥哥班固被召入京任校书郎，班超和其母随之迁居至洛阳。因家境贫寒，班超靠替官府抄写文书，来维持生计。班超每日伏案挥毫，常辍业投笔而叹息说："大丈夫无它志略，犹当效傅介子、张骞立功异域，以取封侯，安能久事笔砚间乎？"旁人都嘲笑他，班超却说："小子安知壮士志哉？！"于是，他就去找相面的人看相，相面的人说："祭酒，布衣诸生耳，而当封侯万里之外！"班超问其故，相面的人说："生燕颔虎颈，飞而食肉，此万里侯相也！"过了不久，汉明帝问班固说："你弟弟现在在哪里呢？"班固说："替官写书，用挣来的钱奉养老母亲"。于是，汉明帝就任命班超为兰台令史，掌管奏章和文书。然而，没过多久，班超就因为小过失被免职。

汉武帝开通西域、汉宣帝设西域都护以后，西域诸国一直与西汉王朝保持着良好的关系。然而，这种关系被王莽改制时贬黜西域各国王号所引起的普遍不满所打破。天凤三年（16），王莽派往西域的都护将军李崇所率军队，被焉耆、姑墨等国杀得全军覆没。李崇死后，西域诸国遂完全断绝了与大新帝国的联系。于是，公开与新莽王朝分裂的匈奴单于便趁机在新莽末年和东汉初年扩充势力，准备重新征服西域。

东汉光武帝刘秀建武十四年（38），西域的莎车、鄯善国派使者到洛阳朝贡，并请求东汉政府派遣都护。因刘秀忙于铲除地方割据势力，巩固政权，便没有同意。建武二十一（45），鄯善、车师等十六国遣子入侍，并再次请派都护，刘秀仍没有同意。后来，西域诸国互相攻伐，终被匈奴所控制。匈奴得西域诸国的人力、物力，实力大增，屡次进犯东汉河西诸郡，边地人民不堪其苦。

永平十六年（73），奉车都尉窦固出兵攻打匈奴，班超随从北征，在军中任假司马（代理司马）之职。假司马官很小，但它是班超由文墨生涯转向军旅生活的第一步。班超一到军旅中，就显示了与众不同的才能。他率兵进攻伊吾（今新疆哈密西四堡），战于蒲类海（今新疆巴里昆湖），小试牛刀，斩俘众多。窦固很赏识他的军事才干，派他和从事郭恂一起出使西域。

经过短暂而认真地准备之后，班超就和郭恂率领三十六名部下向西域进发。班超先到鄯善（今新疆罗布泊西南）。鄯善王对班超等人先是嘘寒问暖，礼敬备至，后突然改变态度，变得疏懈冷淡。班超凭着自己的敏感，估计必有原因。他对部下说："宁觉广礼意薄乎？此必有北虏使来，狐疑未知所从故也。明者睹未萌，况已着邪"。

于是，班超便把接待他们的鄯善侍者找来，出其不意地问他："匈奴使来数日，今安在乎"？侍者出乎意料，仓促间难以置词，只好把情况照实说了。班超把侍者关押起来，以防泄露消息。接着，立即召集部下三十六人，饮酒高会，饮到酣处，班超故意设辞激怒大家："卿曹与我俱在绝域，欲立大功，以求富贵。今虏使到裁数日，而王广礼敬即废；如令鄯善收吾属送匈奴，骸骨长为豺狼食矣。为之奈何？"众人都说："今在危亡之地，死生从司马。"班超说："不入虎穴，不得虎子。当今之计，独有因夜以火攻虏，使彼不知我多少，必大震怖，可殄尽也。灭此虏，则鄯善破胆，功成事立矣。"有部下说："当与从事议之"班超大怒，说："吉凶决于今日。从事文俗吏，闻此必恐而谋泄，死无所名，非壮士也！"部下一致称是。这天天刚黑，班超率领将士直奔匈奴使者驻地。时天刮大风，班超命令十个人拿着鼓藏在敌人驻地之后，约好一见火起，就猛敲战鼓，大声呐喊。并命令其他人拿着刀枪弓弩埋伏在门两边。安排已毕，班超顺风纵火，一时，三十六人前后鼓噪，声势喧天。匈奴人乱作一团，逃遁无门。班超亲手搏杀了三个匈奴人，他的部下也杀死了三十多人，其余的匈奴人都葬身火海。

第二天，班超将此事报知郭恂。郭恂先是吃惊，接着脸上出现了不平之色。班超知道他心存嫉妒，便抬起手来对他说："掾虽不行，班超何心独擅之乎"郭恂喜动颜色。班超于是请来了鄯善王，把匈奴使者的首级给他看，鄯善王大惊失色，举国震恐。班超好言抚慰，晓之以理，鄯善王表示愿意归附汉朝，并且同意把王子送到汉朝作质子。

班超完成使命，率众回都，把情况向窦固作了汇报。窦固大喜，上表奏明班超出使经过和所取得的成就，并请皇帝选派使者再度出使西域。皇帝很欣赏班超的勇敢和韬略，认为他是难得的人才，对窦固说："吏如班超，何故不遣而更选乎？今以超为军司马，令遂前功"。窦固认为班超手下的人太少，想给他再增加一些。班超却说："愿将本所从三十余人足矣。如有不虞，多益为累"。

班超等人向西域进发，不久，到了于阗（今新疆和田）。当时，于阗王广德新近攻破莎车（今新疆莎车），在南道雄帜高张，匈奴人派使者驻在于阗，名为监护其国，实际上掌握着该国的大权。班超到于阗后，于阗王对他不很礼貌，颇为冷淡。于阗巫风炽盛，巫者对于阗王说："神怒何故欲向汉？汉使有騧马，急求取以祠我"。于阗王派人向班超讨要那匹马，班超早已清楚事情原委，痛快地答应了。但是提出要神巫自己来牵。等到神巫到来，班超不由分说，将他杀死，把首级送还于阗王，晓以利害，责以道义。于阗王早就听说过班超在鄯善国诛杀匈奴使者的作为，颇为惶恐，当即下令杀死匈奴使者，归附汉王朝。班超重赏了于阗国王及其臣子们。

当时，匈奴人扶立的龟兹（今新疆库车县城东郊）国王倚仗匈奴的势力在北道肆行无忌。他派兵攻破疏勒（今新疆喀什市）国，杀死国王，另立龟兹人兜题为疏勒王，疏勒国实际掌握在龟兹人手中。第二年春，班超带手下人从小道向疏勒国进发。班超行至兜题居住的架橐城九十里的地方，派手下吏员田虑去招降兜题。班超指示说："兜题本非疏勒种，国人必不用命。若不即降，便可执之"。田虑只身来见兜题。兜题见田虑势单力孤，根本没有投降的意思。田虑乘其不备，抢上去劫持了他。变故突然，兜提手下的人惊惧奔走。田虑乘马疾驰，到班超处复命。班超当即来到架橐城。他把疏勒文武官员全部集中起来，向他们陈说龟兹种种不合理的行径，宣布另立原来被杀掉的疏勒国君的侄儿叫"忠"的当国王。疏勒人大悦。新王和一班官员要杀死兜题，但班超从大局出发，为了宣示汉王朝的威德信义，说服大家，释放了兜题。疏勒平定。

至此，班超两次出使，凭借智勇，已先后使鄯善、于阗、疏勒三个王国恢复了与汉朝的友好关系。

公元75年，汉明帝去世，焉耆（今新疆焉耆回族自治县）国乘汉王朝大丧的机会，围攻西域都护，杀死了都护陈睦。班超孤立无援，而龟兹、姑墨（今新疆温宿、阿克苏一带）等国也屡屡发兵，进攻疏勒。班超跟疏勒王忠互为犄角，首尾呼应，拒守架橐城。虽然势单力孤，但仍拒守了一年多。

公元76年，汉章帝即位，朝廷认为陈睦已死，担心班超独处边陲，难以支持，下诏命班超回国。班超受命将归，疏勒举国忧恐。都尉黎弇说："汉使弃我，我必复为龟兹所灭耳。诚不忍见汉使去"。说罢，拔刀自刎而死。班超率部至于阗，于阗国王侯百姓都放声大哭，他们说："依汉使如父母，诚不可去"。不少人还抱住班超的马腿苦苦挽留。班超见状，自知于阗父老决不会让他东回，而他也想留在这里，完成他立功异域的宏愿，便毅然决定，不回汉朝，重返疏勒。疏勒有两座城在班超走后，已经重新归降了龟兹，并且与尉头国（今新疆阿合奇）联合起来，图为大乱。班超捉捕反叛首领，击破尉头国，杀六百余人，使疏勒复安。汉章帝建初三年（78），班超率疏勒等国士兵一万多人，进攻姑墨，并将其攻破，斩首级七百个，孤立了龟兹。建初五年（80），班超上书给章帝，分析西域各国形势及自己的处境，提出了要趁机平定西域各国的主张。书曰："臣窃见先帝欲开西域，故北击匈奴，西使外国，鄯善、于寘实时向化。今拘弥、莎车、疏勒、月氏、乌孙、康居复愿归附，欲共并力破灭龟兹，平通汉道。若得龟兹，则西域未服者百分之一耳。臣伏自惟念，卒伍小吏，实愿从谷吉效命绝域，庶几张骞弃身旷野。昔魏绛列国大夫，尚能和辑诸戎，况臣奉大汉之威，而无铅刀一割之用乎？前世议者皆曰取三十六国，号为断匈奴右臂。今西域诸国，自日之所入，莫不向化，大小欣欣，贡奉不绝，唯焉耆、龟兹独未服从。臣前与官属三十六人奉使绝域，备遭艰厄。自孤守疏勒，于今五载，胡夷情数，臣颇识之。问其城郭小大，皆言'倚汉与依天等'。以是效之，则鳋领可通，鳋领通则龟兹可伐。今宜拜龟兹侍子白霸为其国王，以步骑数百送之，与诸国连兵，岁月之闲，龟兹可禽。以夷狄攻夷狄，计之善者也。臣见莎车、疏勒田地肥广，草牧饶衍，不比敦煌，鄯善闲也，兵可不费中国而粮食自足。且姑墨、温宿（今新疆乌什）二王，特为龟兹所置，既非其种，更相厌苦，其执必有降反。若二国来降，则龟兹自破。愿下臣章，参考行事。诚有万分，死复何恨。臣超区区，特蒙神灵，窃冀未便僵仆，目见西域平定，陛下举万年之觞，荐勋祖庙，布大喜于天下"。班超在书中首次提出了"以夷制夷"的策略。

汉章帝览表，知班超功业可成，非常满意，准备增加班超的力量。平陵人徐干与班超志同道合，请求奋身异域，辅佐班超。朝廷当即任命他为代理司马，派他带领一千人去增援班超。

起初，莎车以为汉兵不会来，于是降于龟兹，疏勒都尉番辰也随之反叛。正好徐干到达疏勒，班超与徐干一起，杀掉了番辰，斩首千余级，平息了叛乱。班超攻破番辰之后，想进军龟兹。当时，乌孙国兵力强盛，班超认为该借助它的力量，于是上书："乌孙大国，控弦十万，故武帝妻以公主，至孝宣皇帝，卒得其用。今可遣使招慰，与共合力"。章帝采纳了他的建议。

建初八年（83），拜班超为将军长史，假鼓吹幢麾。升任徐干为军司马，另外派遣卫侯李邑护送乌孙使者，赐大小昆弥以下锦帛。李邑走到于阗，正赶上龟兹进攻疏勒，吓得不敢再向前行。为了掩饰自己的怯懦，他上书给朝廷，说西域之事劳而无功，又说班超"拥爱妻，抱爱子，安乐外国，无内顾心"。班超闻之，叹息不已："身非曾参而有三至之谗，恐见疑于当时矣"。于是，毅然让妻子离开了自己。汉章帝深知班超公忠体国，下诏书切责李邑，诏书中说："纵超拥爱妻，抱爱子，思归之士千余人，何能尽与超同心乎"还命李邑接受班超的管辖调度，说让班超根据情况决定是否让李邑留在西域。

班超当即让李邑带着乌孙侍子回京。徐干劝班超："邑前亲毁君，欲败西域，今何不缘诏书留之，更遣它吏送侍子乎？"班超说："是何言之陋也！以邑毁超，故今遣之。内省不疚，何恤人言！快意留之，非忠臣也"。

第二年，汉王朝又派和恭为代理司马，率兵八百，增援班超。班超准备调集疏勒、于阗的兵马进攻莎车。莎车派人跟疏勒王忠私下联系，用重礼贿赂他，忠背叛班超，发动叛乱，占据乌即城。班超改立府丞成大为疏勒王，调集兵力攻忠，康居（今巴尔喀什湖和咸海之间）国派精兵助忠。班超久攻不下。当时，月氏刚和康居通婚，班超派人给月氏王送了厚礼，让他对康居王晓以利害，康居王罢兵，把忠也带了回去，乌即城复归。

过了三年，忠从康居王那里借了一些兵马，住在损中，与龟兹勾结密谋，派人向班超诈降，班超洞见其奸，将计就计，答应他投降。忠大喜，便轻装简从来见班超。班超具食与乐，酒宴中，命人斩杀忠，并进军击败其兵众，南道遂通。

第二年（89），班超调发于阗等国士兵两万多人，再攻莎车。龟兹王发遣左将军发温宿、姑墨、尉头合兵五万救援莎车。敌强我弱，班超决定运用调虎离山之计。他召集将校和于阗国王，商议军情。他故意装出胆怯的样子说："今兵少不敌，其计莫若各散去。于阗从是而东，长史亦于此西归，可须夜鼓声而发"。班超偷偷嘱托人故意放松对龟兹俘虏的看管，让他们逃回去报信。龟兹王闻之大喜，自己率万骑在西边截杀班超，派温宿王率领八千人在东边阻击于阗。班超侦知他们已经出兵，迅速命令诸部齐发，鸡鸣时分，直扑莎车大本营。营中无备，军士奔逃，班超追斩五千余级，大获其马畜财物。莎车国只好投降，龟兹王等也只好散去。班超由此威震西域。

当初，大月氏（今阿富汗境内）国曾经帮助汉朝进攻车师有功。公元87年，国王派遣使者，来到班超驻地，向汉朝进贡珍宝、狮子等物，提出要娶汉朝公主为妻。班超拒绝了这要求，大月氏王由此怨恨。

永元二年（90）夏，大月氏副王谢率兵七万，东越葱岭（今帕米尔高原和昆仑山脉西段、喀剌昆仑山脉东南段），攻打班超。班超兵少，大家都很恐慌。班超却说："月氏兵虽多，然数千里逾鳏领来，非有运输，何足忧邪？但当收谷坚守，彼饥穷自降，不过数十日决矣"。大月氏副王谢进攻班超，无法攻克，抢掠粮草，又无所得，果然疲惫不堪。班超估计其粮草将尽，必派人到龟兹求救，预先命几百士兵在东边埋伏，谢果然派兵带金银珠宝去龟兹求援。班超伏兵大出，杀死了使者，并派人拿给谢看。谢大惊，进退无据，只好遣使向班超请罪，希望能放他们一条生路，班超放他们回国，大月氏因此大震，遂与汉朝和好如初。

第二年，龟兹、姑墨、温宿等国皆降。朝廷任命班超为都护，徐干为长史，拜白霸为龟兹王，派司马姚光来送他。班超和姚光命龟兹废掉原来的国王尤里多，扶立白霸。姚光把尤里多带回了京师。于是，班超驻扎在龟兹它乾城。此时，西域诸国，只剩焉耆、危须（今新疆焉耆东北）、尉犁（今新疆库尔勒东北）三国，因为曾杀害西域都护陈睦，心怀恐惧，尚未归汉。其余各国，均已平定。

汉和帝永元六年（94）秋，班超调发龟兹、鄯善等八国的部队七万人，进攻焉耆、危须、尉犁。大军行到尉犁地方，班超派使者通告三国国王："都护来者，欲镇抚三国。即欲改过向善，宜遣大人来迎，当赏赐王侯已下，事毕即还。今赐王彩五百匹"。焉耆王广便派左将北鞬支送来牛酒，迎接班超。班超指责他说："汝虽匈奴侍子，而今秉国之权。都护自来，王不以时迎，皆汝罪也。"班超手下的人劝他杀了北鞬支，班超不同意，他说："非汝所及。此人权重于王，今未入其国而杀之，遂令自疑，设备守险，岂得到其城下哉"！于是班超送给北鞬支不少礼物，放他回国。焉耆王广见北鞬支无事，就亲率高官在尉犁迎接班超，奉献礼物。不过，他并非真想让班超进入他的国境。他一从班超那里返回，立即下令拆掉了国境山口的围桥。班超却从别的道路进入其国，在距王城二十里的地方驻扎部队。焉耆王见班超突然到来，出于意外，大惊，想逃入山中顽抗。焉耆国左侯元孟，过去曾入质京师，悄悄派使者向班超报信。班超为了稳定焉耆国贵族，斩杀了元孟的使者。班超定下时间宴请三国国王及大臣，声言届时将厚加赏赐。焉耆王广、尉犁王泛及北鞬支等三十多人信以为真，一起到会。焉耆国相腹久等十七人害怕被杀，逃跑了，危须王也没有来。宴会开始，大家坐定，班超突然变了脸色，责问焉耆王等"危须王为何不到？腹久等为何逃亡"？喝令武士把广、泛等一举捉获，并在当年陈睦所驻的故城，把他们全部斩杀，传首京师。又纵兵抢掠，斩首五千余级，获一万五千人，马畜牛羊三十余万头。接着班超另立元孟为焉耆国王，为稳定局势，班超在那里停留了半年。至此，西域五十多个国家都归附了汉王朝，班超终于实现了立功异域的理想。

和帝永元七年（95），朝廷下诏曰："往者匈奴独擅西域，寇盗河西，永平之末，城门昼闭。先帝深愍边萌婴罗寇害，乃命将帅击右地，破白山，临蒲类，取车师，城郭诸国震慑响应，遂开西域，置都护。而焉耆王舜、舜子忠独谋悖逆，持其险隘，覆没都护，并及吏士。先帝重元元之命，惮兵役之兴，故使军司马班超安集于寘以西。超遂逾葱领，迄县度，出入二十二年，莫不宾从。改立其王，而绥其人。不动中国，不烦戎士，得远夷之和，同异俗之心，而致天诛，蠲宿耻，以报将士之雠。司马法曰：'赏不逾月，欲人速得为善之利也。'其封超为定远侯，邑千户"，后人称之为"班定远"。班超的封地在今陕西汉中镇巴县，该县在清朝以前隶属于西乡县时曾设"定远厅"即源于此。

奸佞误国，遗臭万年

花甲之年的宰相公孙弘

人物名片

公孙弘（前200—前121），字季，一字次卿，汉族，西汉淄川国薛人。他虽然出生于乡鄙之间，却高居丞相之位，直到今天，人们依旧对他推崇备至。尤其是他"非学无以广才，非志无以成学"的精神，已经成为历史长卷中最醒目的一章，永垂后世。

人物风云

年幼的公孙弘，因为家境贫寒，为了维持生活，他替当地的富人在海边牧豚。年轻的时候，他也曾担任过薛县狱吏，因为没有读过书，学识浅薄，以至于经常发生过失，最终犯罪免职。为了实现自己的梦想，他立下誓言，一定要学有所成，走入仕途，报效国家。他志在麓台苦读，一直到四十岁的时候，又跟随老师胡母子进修《春秋公羊传》一书，这本书堪称儒家经典著作之一。建元元年，汉武帝即皇帝位，求贤若渴，下诏求访为人贤良且通文学的人才。当时，公孙弘已经六十有余，听到这个消息之后，他立即以贤良的名分报名，因为公孙弘的才能突出，被任为博士。建元三年，皇帝派公孙弘出使匈奴，由于他归来之后陈述的情形不合汉皇帝的心意，汉武帝觉得他是一个无能的人，再一次罢免了他。之后，公孙弘便一直称病辞官，在家赋闲。

以公孙弘当时的才干，根本不逊于当时的任何一个人，在当时的那种情况下，他不可能一条理由也说不出来。他之所以会这样做，是怕违背了皇帝的意愿，与己不利，所以，顺应皇帝才是上上之策。公孙弘素来以矫饰善变著称，朝廷上下，更是众所周知。有一次，汲黯对于他的矫情做作实在是看不下去了，就在皇上面前进言说他虚伪做作，没想到汲黯偷鸡不成反蚀把米，反而让皇帝愈发觉得公孙弘谦恭礼让，对他更是宽厚有加，元朔五年，薛泽免相，皇上任公孙弘为相，封他为平寿侯。公孙弘开创了丞相封侯的先河。

说起公孙弘的为人，表面上十分宽厚谦和。他虽位高禄重，但是节俭律己，从不奢华，以人为先，因此，常常被人称道。见到自己的故旧、宾客和亲朋挚友的生活困难，他总是会全力助之，也因此家无余财，世人都夸赞他贤明。但是公孙弘本人的内心却并非是这样，他为人意忌，且外宽内深，虽然表面伪善，但是暗中报复。而"杀主父偃，徙董仲舒于胶西"，就是他一手策划的阴谋。

元朔二年，主父偃做齐相，其间有人向皇帝上书告发主父偃受诸侯重金，就因为这样，所以，诸侯子弟才多以得封。之后，齐王刘次昌自缢身亡，汉武帝以为这是主父偃索金所逼，龙颜大怒，严予审治。主父偃虽然承认自己受过诸侯的贿赂，但是抵死都不承认齐王的死与己有关系。公孙弘便乘机进言，说齐王自杀就是主父偃一手策划，如果不处死主父偃，天子的威严何在，将无以服天下。武帝本来不想不处死主父偃，但是听了公孙弘的话之后，信以为真，立即下令诛主父偃全族。公孙弘也因为忌妒董仲舒的才能，对他加以陷害。

当时汉武帝将儒家学说视作封建统治的正统思想，"罢黜百家，独尊儒术"的思想盛行，汉武帝也因此排斥其他各家的思想。与此同时，汉武帝大力推行儒教，在长安城内建立太学。同时，还下令在各郡国修建学校，教育系统初步形成。在董仲舒的辅佐之下，汉武帝的封建中央集权统治大大加强。而公孙弘主要研治《春秋》，他的成就远不及董仲舒。于是妒忌董仲舒的才能，平日里，两面三刀，阳奉阴违，见风使舵，而生性正直的董仲舒对于公孙弘这种小人更是深恶痛绝。以公孙弘的心思，他又怎能不知，便将自己的怨恨加到董仲舒的身上。正在这时，胶西王骄纵无赖，曾经多次陷害忠良，肆行不法。

公孙弘便上疏皇帝，说："只有董仲舒才能够出使相胶西王。"汉武帝听了公孙弘的话，便把仲舒徙到了胶西。不久，淮南王和衡山王联合以来，意图谋反，平息乱党之后，朝廷严惩两王党徒。公孙弘自认为官居相位，不能够辅佐君主治理好国家，以至于现在有王造反，自己有不可推卸的责任。

当时，公孙弘以患病为由，上书皇帝，请求辞官还乡，并归还侯印，避位让贤，武帝没有答应他的请求。过了一段时间，公孙弘的病情也逐渐好转，武帝便再度起用他，入廷办理政务。

元狩二年，公孙弘以八十岁的高龄卒于相位。死后，青铜铸棺，葬于麓台，一直到今天，公孙弘的墓址尚存。

张汤为什么被人称为"酷吏"

人物名片

张汤（？—前115），西汉杜陵（今陕西西安东南）人。当他还很小的时候，就表现出非常喜欢法律的迹象，曾经分别担任过长安吏、内史掾和茂陵尉，后来成为后补侍御史。是中国古代著名的酷吏，他以廉洁著称西汉历史。

人物风云

张汤的父亲曾经在长安任长安丞，一天，他父亲外出，留张汤在家看守。父亲回来查看到老鼠把家中的肉偷吃了，为此父亲非常生气，要鞭笞张汤。后来张汤挖开老鼠洞，把那只偷肉的老鼠抓住，并且还找到了没有吃完的肉，他就开始立案审讯这只贼老鼠，并且写下了审讯的整个过程。审讯完毕，将老鼠定了罪，并且当庭执行了。张汤的父亲看后很惊奇，看完了他审问老鼠的文辞大加赞赏，开始锻炼他书写治狱的文书。后来，父亲死后，张汤就继承父职。

做了长安吏,任职很久。

周阳侯田胜因罪曾经被拘押在长安。这段时间内,张汤一心帮助他,为他洗刷了冤屈。因为他与张汤交情极好,在他被无罪释放后,就经常带领张汤引荐名门贵族。后来张汤又相继担任过给事内史,为宁成掾等官职,因为他办事小心谨慎,准确无误,就又被举推荐给了丞相,于是他被调去做了茂陵尉,平日里处理一些陵中事务。

原来汉朝的武安侯田蚡做了丞相,于是征召张汤作为当时的丞相史,又把他推荐给汉武帝,汉武帝欣赏他的才华,让他补任御史一职,处理汉朝的诉讼案件。不久张汤就被命令接手处理陈皇后巫蛊一案,他非常认真仔细地深入追查了这一案件所涉及的党羽团伙。这让汉武帝对他更加欣赏,晋升他做了太中大夫。他与赵禹共同研究完善汉朝的律令,务必依照法令使汉朝的法律严峻细密,尤其是对任职的官吏非常严格。张汤和赵禹两人关系非常密切,赵禹为人廉洁孤傲,从未在家中留食客。朝中的王公大臣相继邀请赵禹,但他却从不回报,他从不收受任何人的贿赂,做事情一直坚持自己的主张。而张汤则为人比较机敏,喜欢以自己的智谋驾驭他人。在一开始的时候他只是担任一个小吏,然后便虚情假意地与当时的富商大贾田甲、鱼翁叔这样的人尽力搞好关系。等到他做官做到九卿的职位时,就开始收纳和交结各地有名的人才和知名士大夫,即使自己并不赞许对方的做法,但是在表面上他仍然会表现出对他们的敬慕之情。

汉武帝偏爱有文才学问的人,而张汤恰巧就是这样的一个能够猜透别人心机的人。张汤在断决一些大的案件时,一般都会参照一些古人的办法,经常对《尚书》、《春秋》等书惊醒研究学习,以便找到解决在制定法令中所遇到的疑难之事的办法。对于他上奏给皇上的疑难案件,一定会在奏明之前预先为皇上区别出这个案件的原委,对于皇上同意的法令,他就会使其作为决断的办法,同时成为以后延尉断案的法律依据,以此来显示皇上的英明决断。如果张汤因为向皇上奏事而受到斥责的话,他就会立刻向皇上请罪并且虚心承认自己的错误,这样往往他所犯的错误就会被原谅。如果他赏识某个人,想向皇上推荐的话,他就会在向皇上奏事时,表扬此人的优点,尽量遮掩他的缺点。他常常揣测皇上的意图，对于皇上想要治罪的罪犯，他就会让廷尉监或掾史非常严格地给他治罪；如果他感到皇上想要宽免这个人的罪行，他就会让廷尉或掾史减轻这个人的罪状。如果处理的这个案件是豪强，他就会国家的相关法令给他治重罪。若是一般的贫弱平民，他则会立即口头报告皇上。然后仍然依据国家的法令条文说出自己的观点，往往皇上最终的裁决，就是张汤建议的那样。

张汤在对待那些高官时，也是非常小心谨慎的，他常常邀请宾客，并送给他们酒饭食物。对于原来朋友的子弟，不论他们最终的职业是什么，他都会给予周到的照顾。对于朝中的公卿大失，他更是不避寒暑地经常赶去拜访。因此，张汤虽然在执行断案是用法严峻，深刻却并不公正，更甚至他还会利用自己的职权之便去排挤那些对自己不利的大臣，但是因为他的这种做法却在众人中获得了很好的声誉。匈奴浑邪王投降汉朝，汉朝又趁此机会调军讨伐匈奴，使得百姓征战连连，苦不堪言。国家为了解救这些难民，开始还为他们发放粮食，但是国库日渐空虚，张汤便向汉武帝建议铸造更多的白金货币或者五铢钱，垄断了盐铁的生产和买卖，对国内商贩进行排挤。张汤每次上奏国家大事，汉武帝都会采纳他的意见，这使得其他的官位形同虚设。但是张汤的意见却使得汉朝百姓民不聊生，人人都指责张汤的办事不力。但是即使这样，皇上得知他生病的消息还是会亲自过去探望。

匈奴人派人前来和汉武帝商议和亲的事情，群臣都聚集在皇帝的面前开始讨论此事。当时的博士狄山希望和亲，并且列举了一系列和亲对汉朝的好处，并且有汉朝历代皇帝在位时通过和亲使得天下太平的例子来说服汉武帝。汉武帝问到张汤的意见，张汤只是说狄山是个儒生，没有什么真的知识。狄山也愤恨地以张汤审理淮南、江都王谋反的案子说事，说他有意诋毁诸侯王，离间皇室宗亲的关系，他根本就是对皇上假忠义。皇上听了这番话，表现得有些不高兴地分别问狄山让他负责一个郡、一个县，是不是能够抵御匈奴的烧杀抢掠。狄山都回答不能，皇上越来越不满，最后皇上问负责一个烽障能不能抵御匈奴的烧杀抢掠，狄山只好硬着头皮说可以。于是皇上派狄山到边境负责一个烽障，但是一个多月之后，匈奴人进犯，杀了狄山。从此朝中再也没有人敢在皇上面亲提和亲的事情。

张汤在担任御史大夫第七年的时候，终于被免官治罪。

河东郡人李文在担任御史中丞的时候，经常在张汤给皇帝的奏章中寻找能够治他罪的证据，可是都没有得逞。张汤对此事怀恨在心。他的一个心腹叫鲁谒居的属吏猜透了他的心思，于是在奏章中陷害李文。武帝派张汤处理此事，最后，张汤趁机将李文处死了。张汤为了感谢鲁谒居，在他生病的时候不但亲自看望，还为其按摩双脚。

张汤曾经多次斥责赵王，而且鲁谒居曾经因为审理赵王的讼案，被赵王怨恨在心，所以，在想办法除掉他们。赵王把张汤为鲁谒居捏脚的事上书告发了。皇帝派人调查此事，后来鲁谒居因病而死，最后这件事情被牵连到他的弟弟，于是他的弟弟被拘押了。张汤因公事去官衙审理其他囚犯，看见了谒居的弟弟，并且决定暗中帮助他，但在当时他只能表面上装作与他不认识。这使得鲁谒居的弟弟根本想不明白他的用意，并且因此事而怨恨他，于是就上书告发说张汤与鲁谒居有阴谋，并且同时将李文的事情上书告发了。武帝将这个案子交给了与张汤不和的减宣处理。减宣对他穷追狠治，并且还不向汉武帝进奏事情的进展过程。正巧这时候孝文帝的陵园被盗，丞相庄青翟上朝，打算与张汤一起向皇帝谢罪。但是张汤觉得此事没有自己的责任，于是就失约了，并且还想告诉皇帝丞相知道这件事，这使得丞相也对他怀恨在心，日夜找罪名陷害他。

当时长史朱买臣，与庄助两人都因受到皇帝的宠幸做了高官并且深受信用；那时候的张汤还是个小官，请求能够拜见朱买臣等人。此事过后不久，张汤便升任了廷尉一职，在审理淮南王谋反一案时，张汤竭力排挤庄助，这使朱买臣对张汤非常不满意。很多年以后，朱买臣因为触犯当时的法律被降了职，后来他曾经去拜见过张汤，但是张汤很没有礼貌，高傲地坐在床上，没有好好理会他。这更使得朱买臣常常想要置他于死地。后来王朝和边通两个人也失去了官位，做了守丞相长史，他们都对张汤不满，但一时间官职没有张汤大，只好先在他的手下委曲求全。而张汤也知道这三位长史身份一向很尊贵，所以，在他代行丞相的职权的时候，常常故意凌辱他们。因此，三个长史都对他怀恨在心，他们知道张汤原来以职权之便谋私利的所有事情，例如张汤每次向武帝奏报的建议都会让田信知道，然后就囤积取利等等。于是暗中商议如何陷害他。

不久他们的话就传到了汉武帝的耳朵里，汉武帝本就生性多疑，听信了这些话。后来减宣又将鲁谒居的事情上奏了汉武帝。武帝果然认为张汤是个贪官污吏，假公济私的人。于是就让使臣带着八项罪名去指责张汤。张汤全部予以否认，并且表示不服。于是汉武帝又派赵禹对张汤进行责备。张汤看到自己没有让皇帝继续信任的希望了，于是谢罪自杀了，临死前他上疏告诉皇上自己是被人陷害。张汤死后，他家里的财产没有超过五百金，这些全部都是得自皇上对张汤的赏赐，并没有其他不明来源的产业。张汤的家人想要厚葬他。但张汤的母亲认为儿子被小人诬陷自杀，不值得厚葬，于是只是用棺木、牛车把他草草安葬了。汉武帝知道这件事后就对张汤的案子进行了彻查，发现他确实是被诬告的，于是处死了三位长史。丞相庄青翟也被迫自杀了。皇上释放了田信并且为张汤的枉死感到惋惜。为了弥补就将他的儿子张安世的官职晋升了。

张汤的一生虽然也做过不少错事，他利用自己的职权之便排挤对自己不利的人，并且他的决策有时也会给百姓带来灾难，但是他一生廉洁，从不收贿行贿，这是在受贿成风的官场之中难能可贵的品德。

风流倜傥的奸佞江充

> 人物名片

江充（？—前91），本名齐，字次倩，出生于赵国邯郸。西汉时期，江充留给汉武帝的印象很棒。他身材魁梧，容貌英俊，穿的服饰轻细靡丽，谈吐不凡。汉武帝对他连连赞叹，之后任江充为直指绣衣使者。就这样，江充在众人之中脱颖而出，成了汉武帝身边的近臣。他主要负责监督贵戚与近臣的一言一行，看这些人有没有过于奢侈犯法的。在任职期间，他办事果决，铁面无私，对皇亲国戚也从不手下留情，相当劲爆。之后，江充因为巫蛊之祸以"大奸"的罪名遗臭万年，但他确实以一位深谋远虑的复仇者的身份活跃在汉武帝的晚年时期。

> 人物风云

江充之所以有机会见到汉武帝，得到汉武帝的厚爱，究其原因还要从他的妹妹说起。

因为江充的妹妹善于操琴歌舞，因此，被赵太子丹看重，娶回家，江充才有机会成为赵王刘彭祖的座上客。不久，赵太子丹怀疑江充把自己的隐私告诉了赵王，二人的交情也慢慢变淡了。因为江充知道的事情太多了，太子丹便派人追捕他。太子丹因为江充逃跑而迁怒到了他的父兄，便找人把他们抓来杀了。江充在仓皇逃往长安之后，为了掩人耳目，遂更名为江充，并向朝廷告发了赵太子丹和同胞姐姐有奸乱，而且交通郡国豪猾，狼狈为奸，恣意为害的事情。汉武帝刘彻看到奏折之后龙颜大怒，立即下旨包围了赵王宫，逮捕了赵太子丹，入狱严治，还判了死罪。

这一天，江充别出心裁地将自己打扮了一番，还特意穿上亲自设计的纱袍，头戴插着羽毛的步摇冠，再加上江充的身材本来就很魁梧，英姿飒爽，相貌堂堂，汉武帝在见到他的第一眼就称奇，还小声对旁边的人说："燕赵果然是一个好地方，奇人异士辈出。"便随口问江充对于现在的形势有何看法，江充的回答更是深得汉武帝的喜欢，对他很是满意，认为他一定是个人才。江充喜不自胜，觉得机不可失，失不再来，便主动向汉武帝要求出使匈奴。武帝便问他你觉得如何应付匈奴呢？江充一脸从容地答道："万事都不可能有确定的答案，应该依事而变。"武帝即刻任命江充为谒者，出使匈奴，回来之后向汉武帝交代了一些匈奴的情况，更得武帝的欣赏，任命为直指绣衣使者。

江充的主要任务就是督察贵戚近臣中有没有谁奢侈逾制，又加上江充为报效汉武帝的恩情，所以经他举劾人不算少。但是他的功夫，主要就在纠劾驰道上犯禁。

江充知道汉武帝是一个极好虚荣的人，素日里非常讲究尊严，他就向武帝上疏，要求如果今后有谁敢在驰道上犯禁，就要把车马没收，就连人也要送往征伐匈奴的军队去。很快汉武帝便应允了。于是，江充便在驰道上布下了一张黑网，大规模捕捉驾车驶入驰道的车马，一时截获甚多。哪怕是汉武帝的姑母、陈皇后的母亲馆陶长公主,他也不放在眼里,犯了错,同样受罚。因此,汉武帝对江充称赞有加,说江充忠直,奉法不阿,很能办事。此后,江充更是一发不可收拾,恃宠而骄,不可一世,驰道之上,从朝到暮,都能够见到他这位绣衣使者的身影。

征和二年,丞相公孙贺的儿子公孙敬声因为犯了律法而下狱,公孙贺便向汉武帝请旨,希望可以逐捕到京师大侠朱安世,为自己的儿子赎罪,公孙贺果然得偿所愿。但是朱安世也并不是无能之辈,他在狱中的时候,揭发了公孙敬声和汉武帝的女儿阳石公主的奸情,并用巫蛊诅咒汉武帝。武帝听到之后,龙颜大怒大怒,立即下旨逮捕公孙贺父子,并且下狱问了死罪,就连卫皇后生的诸邑公主与阳石公主,也一同被汉武帝诛杀了。汉武帝的冷血无情,江充全部看在眼里,也不禁毛骨悚然。他看到汉武帝的年事已高,身体也大不如从前,剩下的日子应该不会很久了。然而,太子刘据与他之间的前隙,越发使让他心神不宁,寝食难安。他十分清楚,汉武帝死后,一旦太子刘据登上皇位,一定不会放过自己。经过一番策划,他决定进宫面圣,于是去了甘泉宫探望病中的汉武帝,一番寒暄之词过后,江充说:"皇上可以说是雄才大略,本就该寿比南山,怎料疾病不愈,这一定是巫蛊作祟,唯有彻底铲除蛊患,那么皇上的病情方能好转。"汉武帝平生最忌讳巫蛊一说,一听就十分恐惧。由于自己求生心切,汉武帝竟然信以为真,对于这位宠臣的言辞确信不疑,即刻任命江充为司隶校尉,总治巫蛊。

于是,江充便整日率领这一帮爪牙到处掘地求偶人,还利用胡人巫师捕蛊,数日之后,终于抓到了一个夜里前来祭祀的人,并将他收捕入狱,用烧得红红的铁钳灼那个人的肌肤,强使诬服,这样还不够,还要让他再污蔑他人与他一同巫蛊。就这样,一连十、十连百地牵连下去。这些人全部被逮捕下狱,被判大逆不道之罪,前后杀害了数万人。然而,江充的最终目的并不在此。进而,他又向汉武帝说,宫中也有蛊气,希望可以入宫验治。这时的武帝被江充搞得晕头转向,怀疑左右都是巫蛊,都在诅咒他,立刻就同意了。

于是,江充带领爪牙先从失宠的那些嫔妃的住处搜起,之后依次查到皇后和太子的宫中。到了太子的时候,他口口声声说掘出了"桐木人"。皇太子刘据，是武帝与卫皇后的嫡亲孩子，七岁那年就被汉武帝立为太子，一直深受汉武帝的喜爱。为此，汉武帝还专门为他修建了一座博望苑，以便于他交结宾客。现在的刘据已经三十多岁了，听到江充在自己宫中掘出"桐木人"的事情后，大为惶惧，知道自己跳进黄河也洗不清了，便和少傅石德秘密商议，当机立断，先下手逮捕了江充一伙人，并亲临斩了江充。

太子知道自己闯了大祸，立即矫诏发动兵马自卫。皇后卫子夫、太子刘据死在了这场祸乱之中，就是历史上的"巫蛊之祸"，这场祸乱白白死了好几万人，汉武帝自己也被搞得骨肉相残。自此之后，人们就再也不相信巫蛊之事了，就连汉武帝自己也觉得自惭形秽，渐渐觉悟，知道这件事本就是江充从中作梗。于是，作"思子宫"，在卫太子被害的地方作"归来望思之台"，以志哀思。

篡夺皇位的王莽

人物名片

王莽（前45—前23），字巨君，是中国历史上新朝的建立者，公元前8—23年在皇帝位。王莽身在官宦之家，为人谦恭俭让，礼贤下士，在朝野素有威名。西汉末年，社会矛盾空前激化，朝廷动荡，王莽则被朝野上下看成是挽救危局的不二人选，被看作是"周公在世"。公元9年，王莽代汉建新，建元"始建国"，建国之初就宣布推行新政，史称"王莽改制"。王莽统治末期，天下大乱，王莽死于乱军之中。王莽在位只有15年，而新朝也成了中国历史上最短命的朝代之一。

人物风云

历史上谋朝篡位人数不胜数，而像王莽这样取而代之的恐怕就只有他一人。王莽本是汉元帝皇后王政君的侄子，很小的时候，王莽的父亲就去世了，很快他的哥哥也去世了。王莽自小就与母嫂相依为命，从小王莽就懂得以理服人，以礼待人，虽然他生活俭朴，但却饱读诗书，平日里喜欢结交贤士，也因此声名远播。

汉元帝驾崩之后，汉成帝即位，舅父王凤掌握朝政大权，一时间，整个朝廷都落在了王家人的手里。

在众多的孩子里面，王莽是最让王凤喜欢的，在王凤临死之前，再三嘱托皇后和皇帝一定要好好地重用王莽。就这样，王凤去世后，朝廷大权就转交到了王莽的手中。王莽从小就聪明，才智过人，现在虽拥有荣华富贵，一人之下万人之上，但是他明白，如果不得人心再高的权威有一天也可能会灰飞烟灭。所以，王莽依旧过着简朴的生活，礼贤下士，以诚待人，恩威并施，许多官员对于王莽的人品都赞赏有加。

公元2年，中原发生了百年不遇的旱灾和蝗灾。百姓处于水深火热之中，时局也发生动荡。由于多年来，土隶豪绅，贵族官僚不断地兼并土地，剥削百姓，现在遇到灾荒，老百姓根本没法活下去，老百姓处于水深火热之中，统治发生动荡。为了解除百姓对朝廷的愤怒，为皇帝分忧解难，王莽积极献计献策。不久，旱灾和蝗灾都解决了。

太后为了犒赏他，就把两万多顷地赏赐给他，王莽推辞了。这样一来，百姓对王莽就更加敬仰了，王莽的声望也更高了。

为了进一步巩固霸权，王莽把自己唯一的女儿嫁给平帝，自己成了国丈，这样他在宫中的地位更加稳定。自己成了皇亲国戚，做起事来也就会更游刃有余了。

汉平帝死后，王莽自称为"假皇帝"，人们都心知肚明，"假皇帝"距离真皇帝的日子已经不远了。随着王莽在朝中的地位的越来越高，王莽的野心也越来越大，企图代汉的决心也越发的强烈。

公元9年，王莽举行了隆重的登基大典，成了一朝开国君主，同时改国号为"新"，汉高祖刘邦辛苦创建的王朝就这样被一个外戚给夺去了。

王莽篡权夺位，不但没有感到愧疚，而且到处宣扬封建谣言，用来迷惑百姓。这些当然都只是迷信，却可以看出王莽的野心，他为了夺取政权，确实是煞费苦心。他之前一切都仅仅是为笼络人心而做的准备，获得人们的认可，促成自己登基，圆了自己的皇帝梦。

更可恶的是，王莽为了美名，甚至连自己的儿子都不放过，连父子之情都不顾，哪里来的勤政爱民之心，这简直是荒谬至极。不管是做皇帝之前还是之后，王莽所做的一切都是为了证明自己是一个贤德之人，为自己最后做皇帝找一个美好的借口。王莽，简直是阴险极了。

新官上任三把火，王莽刚刚登上皇帝的宝座，自然要大干一场了。他开始大规模的进行改革，他以《周礼》作为旗帜进行改良，《周礼》本是圣人定的制度，如果谁敢反对新政，就是反对圣人，反对《周礼》；反对圣人，就是违反纲常礼教，那就是儒文化的罪人。可以说，从指导思想这方面来看此次改革，实实际就是一场托古改制运动。

登基第二年，王莽以复古改制的名义，下令变法。

王莽清楚地知道，改革的关键问题就是土地，从古至今，每次的变法都不能离开土地改革，所以，王莽也不例外，在改革的过程中，首先解决的问题就是土地。王莽不断地推陈出新，只注重改革的结果，不看重过程。如果改革没有根据现实需要进行，只是凭借出单纯的改革需要，改革不是为了国家发展，而是为了完成所谓改革的任务，这样的改革注定是要失败的，这样的政权注定是要被推翻的。

按理说，以王莽的智商本不应该犯这种低级错误，他应该是一个志向远大，可以有所作为的人，但是他被眼前的权势迷了双眼，竟然做出如此糊涂的事。

王莽推行的复古改制，不仅遭到百姓的反对，许多中小地主也开始发对他的政策。复古改革，本来就是一个错误，社会总是向前发展的，又岂容你王莽复古，复古就是倒退，这是违背历史发展规律的。在改革之前，王莽大概并没有想到自己费尽心血策动的改革，不过只是一场闹剧而已。

这算得上是一场非常失败的改革，也许王莽到最终也不晓得自己究竟哪里出了错，但是这场改革所留下的后遗症，却是让王莽始料未及的，因为他一时的冲动，自己百般算计建立的新政权在这场改革中夭折了，仅存在了十五年。

在王莽统治后期，由于改革不当，再加之赋税严重，生灵涂炭，民不聊生，百姓过着生不如死的生活，当老百姓被逼到绝望的时候，自然就会揭竿而起，推翻暴政，重建政权。

公元15年，五原郡、代郡等地的老百姓相继造反，高举农民起义的大旗。王莽发觉形势不妙，赶紧派兵镇压，由于这支起义军中农民占了大多数，缺乏作战经验，很快就被镇压下去了。

但是，好景不长，各地的农民起义风起云涌，北方起义还未平息，南方又发生叛乱，导致政局混乱，政权动荡，严重影响了新政，沉重地打击了王莽政权的统治。

西汉皇族、破落地主刘玄参加了平林兵，刘演、刘秀兄弟率家兵响应，称"舂陵兵"。绿林军队伍变得越来越强大，由于刘姓人作战经验丰富，在百姓眼里，他们代表着皇室，对他们也是敬畏有加，于是刘氏逐渐地把统领大权握在了自己的手上。

公元23年，刘玄称帝并恢复汉朝国号，起义军称为汉军。不久，刘玄逝世，大权落在刘秀的手上。

后来，汉军攻占都城后，统治大权就被刘秀夺得，重新建立汉朝，把洛阳作为首都，历史上称为"东汉"。

王莽政权从始至终，仅有十五年，在历史上仅此一例。新朝是东西两汉的一个桥梁，自然也有其存在的理由，它的灭亡也说明一个道理，顺势者昌，逆势者亡，凡事都有发展的规律。即使是天子，也难以逃脱历史的惩罚。

惑帝王、掌朝纲的大太监石显

▶ 人物名片

石显（？—前32），字君房，西汉时期汉元帝的宦官，是山东济南人。石显在他年轻的时候因为触犯了法律而受到了宫刑。

> 人物风云

石显，字君房，是济南人。他年轻的时候因为犯了罪而受了宫刑，后来又被送入宫中当了一个小太监。汉宣帝的时候，儒家学说并不受到欢迎，汉宣帝任命熟悉法律的石显为中书仆射，石显和另一太监弘恭勾结在一起。汉宣帝以前在民间生活，对于百姓疾苦也是深有体会，所以虽然他提拔了弘恭石显等人，但是没有交给他们真正的权力。汉宣帝年老的时候，一直看不惯太子刘奭的软弱无能，原本打算另立太子，但是又考虑到他的生母是自己的患难之妻，他也就下不了这个决心，汉宣帝在刑罚方面重用的是弘恭、石显，但是又让儒家的学生萧望之当了太子的老师，这让太子连"谒者召致廷尉"的意思都没有弄明白。汉宣帝叹息道，以后我汉家的天下将在太子的手中送掉啊，就这样在汉宣帝的哀叹中，太子刘奭登基为帝，史称汉元帝。汉元帝从小就体弱多病，登基为帝后也不能经常处理朝政，所以，必须找一个察觉帝王心意又朝夕不离的人陪伴在汉元帝的身边，而石显则是对朝廷律法比较熟识，更是善于揣摩圣意，弘恭死后便又被提拔做了中书令，朝廷的机密文件都要经过他的手中。

石显的记恨心比较强，只要是得罪过他的人，他都会寻个机会对他报复，并且每一条都有法可依，让受害人找不出一丝破绽。萧望之，是汉宣帝给汉元帝挑选的老师，也是汉宣帝指定的辅政大臣之一，就是因为上书汉元帝，反对宦官参与朝政，被石显怀恨在心，将他视为眼中钉。

有一次，萧望之上书弹劾外戚车骑将军史高和侍中许章，这让石显抓住了把柄，立即联合平日与萧望之有过节的两位大臣，一起向汉元帝上书，污蔑萧望之离间皇上与外戚之间的关系；接着又趁着萧望之休息在家的时间，命人向汉元帝送上奏章，汉元帝便将这件事情交给了与石显一丘之貉的太监弘恭来处理，针对弘恭的查问，萧望之也是实事求是地说出"外戚把持朝政，国法难容，这样下去之后扰乱朝政。我之所以上书奏请皇上，就是为了我大汉朝的江山着想，只是为了整顿朝纲，绝不是什么阴谋、更不是离间君臣之间的感情"。但是石显和弘恭两人就只是要萧望之承认有整顿外戚的想法就足够了，怎么还会听萧望之的真实意图呢。

于是他们向汉元帝进谗说，萧望之勾结朝中大臣，对朝中的功臣进行攻击，他的目的就是想要谋朝篡位，还是请皇上将他"谒者召致廷尉"，意思就是将萧望之逮捕入狱。汉元帝当时刚刚登上帝位，而对于这几个字并不知道其中的意思，也没有多问就准奏了。等过了一阵子，汉元帝一直不见萧望之上朝，于是就问朝上的大臣，才知道萧望之已经被关进了大牢。又因为这件事情是经过自己批准的，也就没有多加责备，只是一直催促着赶快将萧望之释放，官复原职。可是太监石显却对汉元帝说，您刚刚将自己的老师关进大牢，在大臣们的眼中应该是有很充足的理由的，而现在如果就这么放了，这也就代表着是皇上您做错了，这会降低您的威望的。汉元帝听了石显的一番话，感觉非常有道理，于是就下令将萧望之贬为平民。过了几个月之后，汉元帝对自己的做法心中有点愧疚，于是便又封萧望之做了关内侯一职，并且还准备让他做当朝的丞相，没想到，萧望之的儿子知道此事后，以为自己的父亲又重新得到了皇上的信任，又旧事重提，要求皇上彻查自己父亲入狱一事，他的这一举动将汉元帝惹怒了，便命人下令调查，石显则又趁着机会对汉元帝说："萧望之以前做将军的时候，就一直离间皇上与大臣们之间的关系，依仗自己曾经是皇上您的老师而居功自大，甚至还想独揽大权，那个时候皇上就应该治他的罪。但是皇上却给他封侯拜相，恩宠无比，萧望之自己不但不知道感激皇上的厚爱，反而对以前的旧事念念不忘，还纵容自己的儿子上书，真是太不应该了。如果不将他送往监狱反省一下，这样的人，将来怎么能为朝廷所用呢？"而汉元帝认为萧望之的年事已高，如果这样对待他，恐怕他会因为这样的羞辱而自杀，石显又说道："上一次将他关进大牢，他都平安无事，这一次只是小小的惩戒一番，就更没有自杀的必要了。"于是汉元帝又下令逮捕萧望之。石显接到指令，便带人将萧望之的家团团围住，萧望之说："我以前是一名战功累累的将军，如今已近年近七十岁了。凭我一生的功劳和现在的年龄还要让我承受大牢这种侮辱，这样活在世上真的是太卑微了。"说完，便服毒自杀。

萧望之的死在朝廷中引起了不小的轰动，他在朝中也是很有名望的人，而石显为了推卸责任，经过一番策划，在当时对他谈论最多的儒生堆里着手，向汉元帝举荐很有名气的贡禹，让他做了御史大夫，并且对他格外的恭敬，他的这种做法迎来了儒生们的交口称赞，都夸赞他说能够像君王举荐贤明，也给他在大臣之间赢得了一个好名声。

萧望之自尽之后，汉元帝心中明白萧望之死得非常冤枉，于是给自己的另一位老师周堪升了职，并且也提拔了周堪的学生张猛，张猛乃是张骞的孙子，满腹才华，而周堪则是萧望之生前的好友，石显将他们二人也看作是自己的敌人，对他们百般排斥，每天都想着怎样将他们拉下台，甚至有一次石显诬告张猛，差点使张猛丢了性命。

有些日子，石显为了进一步巩固自己在朝中的地位，便想拉结外戚，于是他向汉元帝推荐到："冯逡是一个有才能的人，再加上他是冯皇妃的哥哥，应该在朝中给他一个重要的职位。"汉元帝听石显这么一说，便立刻召见冯逡，可是令石显没有想到的是冯逡见了汉元帝之后，便让左右侍奉的人下去，秘密告诉汉元帝，说石显依仗自己手中的权势而任意妄为，提醒汉元帝要对他有所防范，而这时的汉元帝怎么可能听得进去，只知道不能有人说自己宠臣石显的坏话，于是一气之下，便再也没有提升冯逡的念头了。石显知道这件事后，更是气愤不已，一直在寻找机会，伺机报复，有一回朝中御史大夫的官职空缺，各大臣都推荐冯逡的哥哥冯野王出任御史大夫一职，汉元帝自己心中也感觉非常合适，便将自己的想法告诉了石显，石显当下说道："冯野王在朝中一向为人正直，刚正不阿，御史大夫一职是非他莫属啊。但是，他却也是冯皇妃的亲哥哥，如果这样做的话，他们会以为皇上只是任用与自己关系亲近的人，怕会有人不服啊！"汉元帝也是犹豫不决，最终，在石显的挑唆下，汉元帝并没有让冯野王做御史大夫。

正是这样，石显在不动声色间，就将自己的敌人置于死地，他利用计谋，得到了儒生的赞扬、又利用自己逢迎的本领讨得皇上的欢心，许多事情在他这边弄得真假难辨，甚至就连当事人也都不知道何为真，何为假。在石显的一生中，几乎都是一帆风顺的，他的家产达到了一万万，在汉元帝死后，汉成帝登基。汉成帝喜欢重用外戚，石显也就失去了昔日的辉煌，在朝中再也没有风光起来，但是，大臣们又找不到什么可以弹劾他的证据，最后只好作罢，将他赶回了家，就这样，原本是汉元帝面前的小红人，转眼间却落得这个下场，石显心中郁闷，病死在回乡的途中。回头想想石显的一生官场，他陷害人的技术之高超，让被害人找不到诉苦的地方，更找不到可以平反的证据；而他的为人处世之道更是有独到之处，虽然害人不浅，却自始至终都没有给人留下一丝的把柄。真是做到了杀人于无形，简直天衣无缝，却又为祸更甚！

东汉外戚权臣窦宪

人物名片

窦宪（？—92），字伯度，汉族人，窦融的曾孙子。东汉的一个外戚、权臣、著名的将领。出生在扶风平陵（今陕西咸阳西北）。他因为深入瀚海沙漠大约三千里远的地方，大败北匈奴，然后就在燕然山上将自己的功绩刻在了石头上，因此使他声名威震天下。

人物风云

汉章帝继位三年的时候，也就是公元78年，窦宪的妹妹就被皇上宠爱而册立为皇后。窦宪也因此升了官，开始的时候先做了郎，后来又继任侍中、虎贲中郎将等官职。他的弟弟同样做了官，窦氏兄弟二人，都沾了他妹妹的福气成为皇帝的外戚，并且受到皇上的器重，令朝中的王公大臣都不敢和他们对抗。窦宪更是变本加厉，恃宠欺人，竟然用极低的价格强行买断当时沁水公主的田园。公主对于窦宪的嚣张气焰也有些畏惧，不敢和他争抢。

但是有一天，章帝驾着车驾经过此片田地，问窦宪，他没有回答，同时旁边的人也是畏惧他的权势不敢言语。最后经过调查，皇上发现了此事，再加上朝中大臣有人向皇上告状，皇帝对窦宪的行径非常恼怒，要治他的罪地，皇后以降低自己的服饰等级以示谢罪为他求情，才使他免过一劫。但是经过此事以后，皇帝对他也不再信任，再也不授予他大权了。

章帝去世以后，根据遗诏，窦宪的弟弟窦笃被任命为中郎将，窦景、窦瑰被任命为中常侍。太后临朝听政，窦宪被任命为侍中，在朝政内部主要负责机密事件，对外宣读太后下的命令。一时间，窦宪兄弟几个人都在朝中身居要职，权威无人能及。

不仅如此，窦宪在朝中还结党营私。他发现太尉邓彪在朝中为人谦和有礼，对于朝中的事宜常常是顺从众人的意见，从来都不相争，便对他产生了好感，推举他做了太傅。这样，窦宪有什么想要做的事情，就去鼓动邓彪向太后上奏，而自己则在一旁告知太后，就这样，邓彪对他言出计从。还有桓郁曾经家里几代人都做过皇帝的老师，而且他本人的性情也是比较容易知足保守的，窦宪也就推荐他给皇帝讲授经书。这样他在朝中内外都埋下了自己的眼线，于是，朝中内外没有人能够做出任何对窦宪不利的事情。

窦宪本身的脾气也是非常急的，对于很久以前的怨恨他也会怀恨在心，伺机报复。汉明帝时期，窦宪的父亲窦勋犯了罪，被处死，韩纡是当年审判窦宪父亲案件的主要负责人，窦宪居然派人将他暗中杀死了，把他的头砍下来祭奠自己的父亲；不仅如此，窦宪对于权势也比较看重。刘畅作为都乡侯来拜谒景帝，有幸遇见了太后，被太后召见过几次，窦宪害怕刘畅会跟他争夺权势，公然派遣了刺客杀死刘畅，却把罪名归于其弟刘刚，并且派人把刘刚抓起来进行审问。最终真相被破露了，太后知道这件事以后非常生气，最终把窦宪禁闭在了内宫。

窦宪知道自己所犯的错误惹怒了太后，恐怕自己的性命难以保全，于是向太后请求出兵攻打匈奴，以此来谢罪。当时南匈奴对汉朝表示友好和善，北匈奴却经常进犯汉朝。正好当时的南匈奴请求汉朝能够出兵帮助去讨伐北匈奴。窦宪借此机会向太后提出了这个请求，朝廷同意了他的请求，任命窦宪以车骑将军的身份出兵北匈奴。

第二年，窦宪、耿秉和南匈奴单于各自率领自己的军队军在涿邪山也就是今天的蒙古西部、阿尔泰山东脉进行了会师。

窦宪安排副校尉阎盘和司马耿夔等人各自率领一万多精兵，在稽落山作战，最后大破敌军，但是北单于却趁机逃走了。后来窦宪整顿军队乘胜追击，一直追到了私渠比鞮海（今乌布苏诺尔湖）。这一战大获全胜以后，窦宪和耿秉就带领军队到达了燕然山，离汉朝边境大约有三千多里，在石头上刻字，以此纪念自己的功勋，汉朝的威德，并且下令让班固为此作一篇铭。

北单于大败，窦宪又命令手下将领穷追不舍，所到的地方都会宣扬大汉的国威，好多北匈奴的人都投降了汉朝。北单于也有意归降，但是因为他没有亲自露面进行商议，窦宪不满，怀疑北单于归降的诚意，要再次出兵攻打北匈奴。这时候的南单于趁势向窦宪示好，派人送来一只古鼎，但是窦宪呈现给了汉朝朝廷。

和帝永元元年九月，皇帝便命令中郎将持节去给窦宪封赏，任命他为大将军，并对他进行了封爵加候，但是窦宪坚决没有接受朝廷的封赏。此时，窦宪的权力威震朝廷上下，同时朝中的大臣们都开始奏请朝廷，使窦宪位列三公之上并且提高他的官属档次。于是，窦宪率领军队回到了京师。朝廷大摆筵席，犒劳赏赐全部将士并进行了封赏。

当时窦氏兄弟四人都在朝中为高官，于是他们大修豪宅，极其奢华。永元二年六月，朝廷下诏封窦氏四兄弟侯爵，只有窦宪一个人拒绝受封。七月的时候，他就带兵出镇凉州（今甘肃秦安县东北），任命邓叠作为副将。

这时候，北单于感念大汉王朝能够将他的弟弟遣还回来，于是又派人向窦宪表明了向汉称臣的请求，并想入京去朝见天子。但这时南单于向汉朝表明消灭北匈奴，然后南北合并，一起向汉称臣。汉王朝同意了南单于的建议。于是，南单于就带兵趁机追击北匈奴，并且将北单于打败，北单于因为受到重伤寻找机会逃走了。窦宪就趁此机会彻底消灭北匈奴，于是在永元三年，窦宪派兵在金微山将北单于打得落荒而逃，溃不成军，北匈奴也因此灭亡。

窦宪平定了匈奴的叛乱，一时间威名大盛。他掌握了大汉兵权，并且也开始总揽朝政，在朝中各个要职开始安排自己的心腹。朝中没有人的权势可以大过他，也没有人敢与其进行对抗。尚书仆射郅寿、乐恢就是因为一时违忤了窦宪的意思，相继被其逼迫自杀。朝臣都被他们的势力威慑住了，窦氏兄弟也开始仰仗权势为非作歹，欺压群臣百姓。

当时的司徒袁安每每想到因为当今的天子年幼，所以使得外戚专权蛮狠，就会对国家大事和大汉江山感到忧虑，往往会情不自禁地呜咽流泪。可是当时窦氏势力实在太大，这种情况实属无奈。窦宪依仗自己有功于大汉，更加肆意妄为，结交党羽，甚至有的还出入后宫。和帝心里明白他们的阴谋，但是因为自己没有办法与外臣接触，所以只能一时忍气吞声。和帝得知中常侍钩盾令郑众是一个办事谨敏而且很有心机的人，并且这人平时不喜欢参与党羽之争，于是便把他招进宫来商议一个能够除灭叛党的计策。后来适逢窦宪和邓叠带兵回京，和帝意识到这是一个除掉他们的机会，于是便先按照他们的等级赏赐了军中的所有将士，以便安抚军心。窦宪刚刚进入京城大门，和帝就逮捕了他的几个心腹并处死，然后收回窦氏兄弟的兵权，解除了他们的官职，命令他们回到了封地，等他们回到封地以后又接到自裁的命令，于是自杀。

窦宪虽然是历史上有名的外戚专权者之一，但是他北击匈奴，确实为大汉王朝稳固的江山立下了汗马功劳。他击瓦解了北匈奴的统治，引起了世界历史上非常重要的一次民族大迁徙。事实上他破北匈奴的功勋也为后来中国的统一做出了一定的贡献。不仅如此，部分学者甚至认为北匈奴的向西迁移更是在世界上引起了一系列的连锁反应，这就将西方的世界搅了一个天翻地覆，最终把世界上古老的罗马帝国瓦解了，这场风暴还在三百年后的欧洲起到了不小的作用，如果真是这样的话，可谓是造成了世界的一个巨大变化。

人才辈出，各领风骚

董仲舒独尊儒术

人物名片

董仲舒（约前179—前104），广川人。他是西汉时期一位与时俱进的思想家、儒学家、著名的唯心主义哲学家和今文经学大师。在汉景帝在位时因讲授《公羊春秋》而著名，任博士一职。后来武帝继位，董仲舒用"三纲五常"来概括儒家的伦理思想，汉武帝也采纳了他的建议，从此奠定了儒学的历史基础，使其成为延续至今的官方哲学。董仲舒的教育思想和他宣扬的"大一统"、"天人感应"理论，为后来的封建统治者提供理论基础，使中国最终获得了统一。他的著作和理论思想都汇集于《春秋繁露》一书。

人物风云

董仲舒出生于一个地主阶级家庭，在他出生后不久，汉王朝就将秦朝颁布的私藏诗书灭门的法令废除了。一时间，又掀起了埋头钻研先秦诸子学说的风尚。董仲舒家有很多藏书，因此，他在很小的时候就开始研究儒家学说。他始终保持刻苦、专心学习的精神。当时在他书房外面有一个雅致的小园子，在那个贪玩的年纪，他竟然三年在屋里读书，从没进过园子，还有，他自己骑的马，他也分不出雌雄。他喜欢读书，尤其是经书，对它的钻研近乎达到了如痴如醉的地步。许多经传著作他都有所涉略，尤其是《公羊春秋》，他在二十几岁的时候，就已经成为研究《春秋》的学者。

他对于《春秋》颇有建树的研究，使其到三十岁时就成了当地有名的学者，但他没有步入仕途，而是开始教书。在当时人们就已经称他"汉代的孔子"。他招收了大批的学生，开始宣扬儒家的经典，传播他自己的思想，他崇尚学者应该懂得仁义的道理，在他的思想的影响下，很多人都非常信奉儒家思想。由于董仲舒广泛宣扬他的学说，也使得他的声誉逐渐扩大，让当时封建社会的最高统治者汉景帝也知道了他。后来，他又被封为了博士，这也成为他步入统治阶级上层的第一步，为他以后宣扬自己的学说并对皇帝产生重大影响打下了基础。但是，汉景帝在位时社会相对还比较安定，处于休养生息的阶段，当时的统治者崇尚"无为而治"的思想，对于他宣传的大一统的思想并没有多大的兴趣。因此，他虽然做了博士，但他的儒家学说并没有引起皇帝的重视，所以，在很长的一段时间里，他都感到无事可做，后来他就把大部分的精力放在了从事研究儒家思想和讲学上。

在董仲舒将近四十岁的时候，他的政治地位不仅得到了巩固，而且也有了自己的政治理想。他认为如果能够使富人显示出自己的尊贵却并不显示出骄奢，穷人不必再为养活自己而担心，那么，这样的国家才能成为和谐安定的国家。他还认为，要想实现这一理想，关键在于将汉王朝的统一局面进行巩固。而为实现政治的统一，就必须先在思想上实现统一。这便成以后实施"罢黜百家"政策的思想的出发点。同时，在他看来，要想实现统一的局面，就不能舍弃中央集权，因此，皇帝就成了他推崇的中央集权的代表人物，这也成为他政治主张的中心思想。

他的思想也在慢慢地趋向成熟，此时的西汉王朝也改变了原来的稳定局面，发生着剧烈的变化。在公元前154年，汉景帝平定了"七国之乱"，然后就开始加强巩固中央集权。公元前140年，刘彻继位，成为历史上有名的汉武帝。这时候的西汉王朝平定了内部的诸侯藩王叛乱，对外也开始还击北方匈奴的侵扰。

封建统治的势力正处于上升时期，统治者摒弃了原来"无为而治"的思想，取而代之是希望能够有所建树的"有为思想"。而影响日益强大的儒家思想则一贯主张统一、仁义和五伦，显然是当时思想统治的最佳选择，董仲舒作为"群儒之首"，其政治地位逐步稳固起来，与皇帝接触的机会也随之增多，自然能够影响统治者将国家统一与儒术相结合。为了顺应历史的发展要求，董仲舒以及他倡导的儒家思想就被推了出来，使董仲舒登上了人生中的顶峰。

汉武帝刘彻，在我国历史上是一位很有作为的皇帝，他有作为皇帝应该具备的雄才大略，又有接受别人意见的胸襟。当匈奴频繁骚扰西汉边境的时候，汉武帝不想再像原来一样退让，因为此时的西汉王朝已经有了抵御匈奴的实力。当他把内忧外患都平定以后，他就想进一步加强自己的中央集权，所以，此时的西汉统治就迫切需要一个符合统治阶级的理论和思想基础。于是，他刚刚继位，就下令推选"贤良有才干的饱学之士"，然后把这些人全部召集起来，由他亲自出题考试，选出真正的饱学之士。董仲舒参加的那次考试中，汉武帝给他的策问说，他考虑的都是具有纲领性的问题，那些贯穿一切事物的广泛的体系才是他真正想要知道的问题。除此之外，他还对其提出了三个分问题，就是他想要找的为加强皇权统治的理论根据，并且这些规律从理论上来说还要回答自然。皇帝问到这些问题恰好早已都被董仲舒深入研究过，所以，他在回答时更是把自然的发展变化和当时的时事融合在一起，把皇权的统治和天的意志相结合，把统治者的一切意志都说成是理所当然，并且他在奏章开头就说明了这些思想都是上天借他的自己的意志体现于人世间。

随后他又把儒家思想深入地重复了一遍并提出了一些自己的主张。对于汉武帝提出的三个分问题，他在回答的时候又将自己对刑罚的看法融入其中。在此基础上，他还将自己的一系列的治国主张提了出来。他的这番话对汉武帝产生了很大的影响。后来，他还建议汉武帝用儒家思想来统治国家，广设学堂，教化万民，使儒家思想深入人心，这样就能避免犯上作乱的现象。随后，他又回顾了汉朝前的历史，说明了国家兴盛灭亡全是因为教化问题。要想大治天下，巩固自己的统治，就必须改变民众的思想，只有使全国上下的思想都统一，才能实现国家的统一。

汉武帝听完董仲舒的回答，异常高兴，他觉得自己终于找到了适合自己统治的思想基础，因此立即对他委以重任。四十多岁的董仲舒当上了江都易王刘非的国相，离开了自己当了好几年的"博士"之位。在董仲舒当上丞相后的十余年间很有成绩，潜心研究为官治国之道，但后来他在思想和学说方面并没有太多新的建树。刘非是汉武帝的兄长。他一贯争勇好胜，野心很大，他很欣赏董仲舒的才能，并且也称赞其就像春秋时的管仲，对辅佐王霸很有帮助。言下之意就是希望董仲舒能够帮助自己成就霸业。但是一介鸿儒的董仲舒在政治上没有野心，他一直用仁义礼乐来扶持刘非治国。最终使得刘非放弃了让董仲舒辅佐他成就霸业的想法，而是对董仲舒更加敬重。

尽管董仲舒很有自己的思想，但他在政治上并没有很大的成就。他在江都当了九年丞相，没有太多出色的措施。相反，他还以《春秋》为依据，大力推崇阴阳之道，经常搞一些祈雨求神的事，也没有任何成效。不久，就是因为他推崇的这套神学也为他招致了杀身之祸。最后虽没有被杀，却丢掉了丞相一职，被贬为中大夫。

公元前135年，西汉王朝的王陵先后发生了大火灾。董仲舒将此事说成是上天发怒了，谴责告诫人间"杀骨肉大臣"，为此在家中起草了一道奏章。还没来得及呈奏给皇帝，中大夫主父偃去拜见董仲舒时，偷偷看到了董仲舒的这篇奏章。主父偃对董仲舒的才干一向妒忌，于是就偷走了这篇奏章，并将其呈献给了汉武帝。汉武帝看完便立即下旨将董仲舒问罪，甚至还要把他处死。

幸亏董仲舒因有才华享有美誉名声，再加上朝中大臣极力为他求情，等汉武帝怒气消了以后，也觉得不能杀掉这个"群儒之首"，于是便下诏赦免了他的死罪。这次祸事之后，董仲舒又开始了十年的教书生涯。十年后，由于公孙弘的推荐，他再一次走上了仕途，当上了胶西王刘瑞的国相。事实上，公孙弘并不是真心帮助董仲舒，他只是嫉妒董仲舒的才华，而且在为官上，董仲舒一直看不起他，所以他想借胶西王之手为自己除掉这个"眼中钉"。

在胶西任职的几年里，董仲舒凡事都能以身作则，清正廉洁，体恤下属，推行教令，使当地百姓安居乐业，所以在胶西的几年他还是颇有政绩的。公元前121年，五十八岁的他称病辞官，结束了他的仕途生涯。

董仲舒辞官回乡之后潜心著书立说，不问家居杂事，六十多岁的他还是那样勤奋刻苦，终于写成了十七卷八十二篇《春秋繁露》。公元前104年，在他写完《春秋繁露》最后一章后，便因病离开了人世，享年75岁，他被葬于长安的西郊。董仲舒是一位杰出的学者，他作为皇帝的智囊，辅佐皇帝从政到最归家著书立说，他的一生都在潜心研究儒学思想。他为人正直廉洁，以及他对学术刻苦钻研的精神，都受到了后人的极力推崇和赞美。

痴情"王子"司马相如

人物名片

司马相如（约前179—前118）原名为司马长卿，他非常仰慕战国时期的名相蔺相如，所以他就改名为司马相如。他是蜀郡（今四川省南充市蓬安县）人。

人物风云

司马相如在少年时代就非常喜欢读书练剑，二十多岁的他就以訾（钱财）为郎，被汉景帝看重，做了他的武骑常侍，但是这些并非是他所喜欢的，因此他常常感慨自己不能遇到知音。汉景帝不太喜欢辞赋，直到梁孝王刘武来朝进谏时，司马相如才遇到了邹阳、枚乘、庄忌等历史上有名的辞赋大家并得以和他们结交。后来他因病辞退了自己的官职，前往梁地投奔这些志趣相投的朋友，希望和他们一起共事，也就是在这时候，历史上那篇著名的《子虚赋》诞生了，那是他临走前写给梁王的。

梁王刘武去世以后，司马相如就辞官回乡离开了梁地，但是当时他的生活非常清贫。他家乡的临邛（qióng）令王吉与司马相如关系非常好，经常邀请司马相如去他那里做客，于是司马相如就在临邛的都亭住了下来，王吉就天天赶来拜访司马相如，他常常推托自己有病而不见客，王吉因此对他显得更加恭敬。

临邛有一个富人叫卓王孙，他听说县令有一个知识渊博的贵客叫司马相如，于是就摆好酒宴希望能够和司马相如结交。因为王吉亲自去请，司马相如不好意思推脱，只好去吃这顿饭。在席间，司马相如表演了一曲《凤求凰》为大家喝酒助兴，没想到就是这首曲子打动了卓王孙的女儿卓文君。卓文君因为听到了琴声就透过门缝想偷偷地看一下弹琴的人，这时候卓文君不由地就被他司马相如超凡脱俗的风度和才情所吸引，立即对他产生了敬慕之情。司马相如也看到了这个偷望他的人，他也为卓文君的温婉尔雅的仪态所倾倒，两个人顿时都产生了爱慕之情。后来司马相如通过卓文君的丫鬟向她表达了自己的心意，于是卓文君连夜和司马相如私奔到了成都。但是当时司马相如一贫如洗，家徒四壁。后来他随卓文君又回到了临邛。他们把自己的车马卖掉得到了一些本钱，就在当地开了一家酒店。卓文君掌管店里的一些日常事务；而司马相如就整天系着围裙，在店里做一些洗涤杯盘瓦器的工作。卓王孙为了女儿的事情非常生气，觉得没有脸面见人。并且在卓文君与司马相如私奔以后，卓王孙已经放出话来，不会给这个女儿留一分钱。但是看到他们生活如此穷困也为他们心疼，后来经人劝说，他原谅了卓文君，并且给他们送去了好多钱财和侍婢，从此卓文君和司马相如又回到了成都，过着富裕的生活。

就这样过了很久，汉景帝去世，刘彻继位，史称汉武帝。当刘彻第一次看到《子虚赋》的时候就非常喜欢，他以为那是古人的一篇作品，一直叹息自己没有和这篇赋的作者生在同时。后来恰巧为皇上养狗的一个奴仆听到皇上这样的慨叹，告诉皇上这篇赋的作者就是他的同乡司马相如。皇上立刻召见了司马相如。司马相如受到了汉武帝的赏识，他对汉武帝表示自己还可以作出更好的辞赋。后来，司马相如便作出了《上林赋》。《上林赋》在内容上与《子虚赋》是上下承接的，他们不仅内容互相衔接，而且《上林赋》的文字辞藻也都比《子虚赋》更胜一筹，它假托人物形象，以问答为主要表象方式，放手大胆地铺写，以努力维护国家统一、反对帝王将相的骄奢淫逸为主旨，歌颂了统一帝国无不赞颂的大国声威，这篇赋不仅对最高统治者提出了自己的讽谏思想，还开创了汉代诗词的一个新文体，成为大赋兴起的一个开端。司马相如一作出这篇赋，就立即被刘彻封为了郎官。

建元六年的时候，也就是在司马相如做了好几年郎官以后，正好赶上唐蒙接受掠取和开通夜郎以及其他西面僰中的命令，唐蒙大肆征发上千名巴、蜀二郡的官吏和士卒，西郡也征调了一万多人作为陆路及水上的运输人员，又利用作战时候才用到的法规杀了当时的大帅，巴、蜀两地的百姓对他的做法大为震惊和恐惧。皇上听说了这样的情况，就派司马相如前去责备唐蒙的做法，并且让他趁机告诉巴、蜀两地的百姓，唐蒙的所作所为并不是奉了皇上的命令。他采取恩威并施的手段在那儿发布了一张《谕巴蜀檄》的公告，一时间百姓都非常高兴，并且也收到了良好的效果。

司马相如完成了自己的出使使命，回京城向汉武帝汇报这里的情况。这时候唐蒙已经掠取并开通了夜郎，而且还要趁机开通西南夷的道路，就大量征发了巴、蜀、广汉的士卒，大概有数万人参加筑路。可是这条路修了两年多都没有成功，征用的士卒也大量死亡，耗费的钱财也多得不计其数。蜀地的民众当时在朝中为官的人大多也不同意这种做法。

这时候，邛、笮的君长听说南夷的道路已经开通，可以方便和汉朝互相往来，而且还可以得到很多的赏赐，因此大多数人都想通过这种方法做汉朝的臣仆，希望能够得到南夷那样的待遇，请求汉朝朝廷能够封他们做官。皇上因此事询问司马相如的意见，司马相如说："邛（qióng）、笮（zuó）、冉、駹（máng）等离蜀地都比较近，开通道路的计划也比较容易实施。而且早在秦朝的时候在这个地方就已经设立了郡县，这项制度到汉朝建国时才得以废除。如今如果能够真的将道路重新开通，再次设置郡县来进行管辖的话，那么他的价值一定会超过南夷。"皇上认为司马相如的分析很对，就任命他以中郎将的身份，持节出使。

于是，他带领着副使王然于、壶充国、吕越等几个人，乘坐由皇帝赏赐的专车前往巴蜀。他希望能够凭借着巴、蜀的官吏和他们所拥有的财物去笼络西南夷。等司马相如到达了蜀郡的时候，蜀郡的太守及其他的下属官员全部都到郊界上去迎接，就连当时蜀郡的县令都亲自背负着弓箭在前面开路，这样的荣耀让蜀地的人都感到光荣。

于是原来看不起司马相如的卓王孙与其他临邛的父老也都凭借着与司马相如的各种关系来到了他的门下，他们献上自己带的牛和酒，围坐在一起与相如畅叙欢乐之情。这时候的卓王孙也开始感叹并且对司马相如极尽讨好，嫌自己没能够早一点把女儿嫁给司马相如，随即又把一份丰厚的财物送给了卓文君，使她与卓王孙的儿子所分到的财产均等。

司马相如顺便平定了西南夷。并且邛、筰、冉、駹、斯榆等各郡的君长都想成为汉朝臣子而积极上书请求。于是汉朝拆除了原来在这里设立的关隘，使边关扩大了许多，西边一直到达了沫水和若水一带，南边也到达了牂（zāng）柯，汉朝以此为边界，又将灵关道开通了，在孙水上建了桥，使这条路一直通到了邛、筰。司马相如回京之后将这些情况报告给皇上，皇上听了非常高兴。于是他又做了一篇以解答问题为内容形式的《难蜀父老》，这让篇赋在内容上阐明了汉朝和少数民族应该如何相处的道理，它的文风苍劲优美，内容条理清晰，说理透彻，成功地说服了众人和汉朝皇帝，使少数民族能够与汉朝朝廷合作，为国家第一次开发西南边疆地区作出了重大的贡献。可惜这件事情之后，没过多久就有人告发他接受贿赂，于是他被皇上罢免了官职，回了家。一年之后，司马相如又重新被朝廷启用，仍让做郎官。

司马相如从小就有口吃的毛病，但是他却善于写文章。虽然开始他家境困难，但是当他同卓文君结婚后，因为卓王孙的关系，他过上了富足的生活。在他担任官职的期间，从不追慕官爵，也不太愿意向其他王公大臣一样聚在一起商讨国家大事，他常常戒托自己身患糖尿病，在家赋闲。不过，司马相如的才华真的可以算是无人可以比拟的。他也充分利用自己的才华对皇上的一些做法进行了劝谏。曾经有一次，皇上带着他到长杨宫去打猎。这时候的汉武帝非常喜欢击杀熊和猪之类的凶猛动物，也喜欢骑着马追逐林子里的野兽，司马相如觉得皇上的这种做法不是很好，于是就上书对他进行劝谏，刘彻认为他的意见是正确的，就放弃了对这些动物的追杀。不但如此，司马相如还曾经向刘彻献过一篇以哀悼秦二世行事的过失为主旨的赋，以此来劝诫刘彻不能实施暴政。

再后来司马相如被授官做了汉文帝的陵园令。因为汉武帝经常赞美子虚之事，所以司马相如看出了皇上喜爱仙道的心思，于是趁机就告诉皇上上林之事根本不是人世间最美好，还有比这更美丽的事情，告诉皇上他曾经写过一篇《大人赋》，还没有终稿，他请求皇上写完以后能够先给皇上，皇上同意了。司马相如认为传说中的那些仙人们应该是居住在山林和沼泽之间，他将他们的形体容貌形容得特别清瘦，这才应该是帝王心意当中的仙人，就这样他的《大人赋》就完成了。

元狩五年的时候，司马相如因自己身体有病而辞官回家，住在了茂陵。当时的天子派所忠前往茂陵，找到司马相如，要求他把自己的书全部放在皇宫之中，以免以后就散失了。当所忠到达茂陵的时候，司马相如已经死去了，可是在司马相如的家里并没有发现书。询问了他的妻子才知道司马相如很受欢迎，每当他写完一部作品，立即就会有人来把它取走，所以家中从来留不下书。但是，在司马相如还没死的时候，确实写过一卷书，并且交代妻子如果皇上派人来取书，就把它进献给皇上。所忠带着找到的这卷书回京复命。皇上看完了这本有关封禅的事的书，感到非常惊异。

司马相如的一生就这样过去了，他给世人留下的就是那一部部惊世骇俗的著作和他与卓文君为爱坚持的不朽佳话。

司马迁写《史记》

人物名片

司马迁（前145或前135—约前87），字子长，西汉夏阳（今陕西韩城南）人，也就是今天的陕西韩城，是中国古代伟大的史学家、思想家、文学家，被后人尊称为"史圣"。他最大的贡献是创作了中国第一部纪传体通史《史记》。《史记》记载了从上古传说中的黄帝时期，到汉武帝元狩元年，长达3000多年的历史。司马迁以其"究天人之际，通古今之变，成一家之言"的史识完成的《史记》，成为中国历史上第一部纪传体通史，被鲁迅誉为"史家之绝唱，无韵之离骚"，对后世影响巨大。

> 人物风云

司马迁是含着金汤匙出生的，他的家庭在世代为官。司马迁的父亲司马谈就任武帝的史官。在司马迁出生的时候，父亲司马谈还没有做官，一直在龙门附近的一个农村里过着艰苦朴素的生活。

司马谈对儿子司马迁抱有很大的期望，在司马迁小时候的课程一直是由父亲教授。幼年的司马迁乖巧懂事，聪明伶俐，而且每一次放牛的时候，父亲都要他带着一册竹简在身边，也总会嘱咐他："不要太贪玩，昨天晚上教你写的字，一定要记牢！"这时候，司马迁总是会一手握着牛绳，然后把竹简往牛背上一放，然后朝父亲笑一笑。

每当司马迁一个人时，他就一边看着牛吃吃草，一边拿着树枝在地上反复练写晚上父亲教给他的字。有时候也碰到有小伙伴儿凑在一块儿，他就和小朋友们一起闹着玩。小伙伴们不管比他大还是小，都跟司马迁玩得很愉快，从来都不觉得这个在牛背上挂着竹简的同伴有什么奇怪的地方，倒是很佩服他能够认得也会写好多好看而有趣的字出来。司马迁看着被死死地放在牛背上的竹简，这些竹简在阳光照射之下，闪着金光，他不禁想起父亲在农耕之余，还要日夜教自己读书写字，夜以继日烧刻这些竹简，想到这些，司马迁甚是伤心，他知道父亲为了自己付出了太多太多，为了不负父亲的期望，他一定要更加努力才行。于是，在玩的时候，他就和小朋友尽情地玩；当练字的时候，他便静下心来，专心致志地练，一遍又一遍，直到把字深深地记在脑子里。

约公元前135年，父亲司马谈来到长安做"太史令"，司马迁也跟随过来。司马谈是一个清正廉洁的官员，虽然仅仅是一个史官，但他对自己的官职抱有崇高的理想和期望，对历史论著也怀抱着宏伟的愿望，并希望他唯一的儿子司马迁可以继承他的遗愿，深深希望儿子可以成为接班人，继承并将祖业发扬光大。司马迁十岁的时候就可以写诗颂词，而司马谈对儿子的期望远远不止这些，他还求得当时全国最有名望的儒学大师孔安国与董仲舒来为儿子上课，终于皇天不负有心人，司马谈的付出看到了应有的回报。年纪轻轻的司马迁就已经是仪表堂堂，文学范十足，他深厚的文学底蕴就连老师都自叹不如。

在司马迁 20 岁的时候，朝廷发生了一件大事：博望侯张骞出使西域而且成功地返回了，促进了大汉和西域两地的文化交流与发展。司马迁和父亲司马谈都感觉到，博望侯的回国将可能改变中国人一直以来唯我独尊的封建观念，知道天下并不是只有大汉朝，同时还有那么多国家围绕在大汉的边境，他们也是有文明、有文化的国度，不全是大汉人口里的蛮夷野人！可以说是天外有天哪！司马谈觉得儿子已经成年，正是需要磨炼的时候，他深思熟虑了一番之后，决定派儿子出去周游各地，增长自身的学识和阅历。恰巧这时候司马迁也同样是满怀幻想，正打算到各地去走走，对各地的历史遗迹进行考察和审核。经过几年的时间，司马迁游历了祖国的许多地方，观看并记载了各个地方不同的风俗，也考察了不少胜景遗迹，了解了许多历史名人的故事。这些经历不仅使他开阔了自己的眼界，拓展了胸襟，而且培养了他的爱国之情。

大约在公元前 122 年到公元前 116 年期间，司马迁回到长安，考上郎官，从此以后就一直伴在皇帝身边。在这段时间，他目睹了官僚之间的勾心斗角，昏庸无度以及封建统治残暴的真相。

公元前 110 年，司马谈去世，临死之前语重心长地对儿子说："我死了以后，你一定要继承我的事业，完成我的意愿，接着做'太史令'，国家越来越富强，有很多史料需要一一记载，而我已经不能够完成修改和订正通史的愿望了，接下来就看你了。"司马迁失声痛哭，急忙点头答应并坚定地说："我虽然没什么才能，但是我一定会不负您的嘱托，完成您的志愿。"听到儿子这样说，老人家这才安心闭上了眼睛，奔赴黄泉。

公元前 108 年的时候，司马迁遵从父愿，做了"太史令"。太史令司马迁夜以继日地投身于工作中，整理并审读汉宫中收藏的一些宝贵书籍和资料。但是这是一项十分艰巨的工作，因为所有的书籍都杂乱地堆放在一起，有些根本就没有目录，司马迁的工作量就变得更大了，他必须耐心通读它们，然后一点点地寻找线索再进行考证。司马迁花费了好几年的时间，每天一睁开眼就开始整理、考证史料。这份工作几乎把他的全部心血都耗尽了。一直到公元前 104 年的时候，那时他已经 41 岁，《史记》也是在这一年才开始写的，一写就是五年。

直到公元前 99 年，李陵事件彻彻底底地改变了司马迁原本的生活。故事是这样的：李陵是大将军李广的孙子，他奉旨进攻匈奴，因为敌众我寡，力量悬殊，又因为李广利将军贪生怕死，延误了支援的时间，后来箭尽粮绝不幸被俘。虽然司马迁平日和李陵将军并无深交，但是他仗义执言，忠言逆耳，冒险觐见汉武帝，说李陵兵败被俘，但是他用5000兵力杀死敌军2万多人按道理来说是有功的，李陵可以说是虽败犹荣；相反，李广利将军虽然拥有30万兵力，却只杀敌1万多人，这样还不够，他甚至使18万多的将士丧失了性命，实际上是虽胜犹败，按理说李广利将军应该为轻敌不尽责受到应有的惩罚。因为李广利是汉武帝的大舅哥，所以汉武帝有意偏袒，假公济私，以触犯龙颜这莫须有的罪名，无故降罪于司马迁。因为司马迁的坦然觐见，直言不讳，被关进了监狱，受尽折磨，刑部以诬蔑皇帝的罪名将司马迁判处死刑。

定罪之后，司马迁自知难逃一死，就更加夜以继日地在监牢撰写《史记》。他为了不负父亲的重望，直到晚上也还是不休息，没命地挥着刻刀在竹简上拼命地刻着，怕对不起自己的父亲，怕对不起英雄豪杰，怕死后再也没有人会把他们的事迹记录下来流传后世！司马迁为了尽快写完《史记》，他的手结了茧，茧磨破了，鲜红的血液流出来，然后再结茧，再破，也不知道这样破了多少次，就连那简册上也染得血迹斑斑。司马迁知道自己的日子不多了。当他正在为没办法完成父亲的愿望而伤心欲绝的时候，汉武帝下诏，颁布了一条赦免令：判了死刑还想要活命的人，可以拿50万钱赎身，或者是接受"腐刑"之苦。司马迁没钱为自己赎身，但是受腐刑之辱，还不如死来得干净！到底是死还是接受腐刑？司马迁内心做着激烈的抗争。想到《史记》还没有完成，他决定活下来，不管怎样都要忍辱负重，卧薪尝胆，一定要把《史记》写完。他在心里狠狠地念道："司马迁一定要让所有人都知道，虽然我在身体上可以承受污辱，但我的灵魂绝不可以受辱，我要活着用《史记》来证明，我的意志可以抗拒所有的侮辱。"司马迁接受"腐刑"后，汉武帝任命他为中书令，替皇帝管理官员的文书。这样一来，更便利了他对皇宫进行观察，这使他可以在《史记》里尖锐而且深刻地揭露出封建统治者残忍的一面，揭示封建统治的黑暗和丑恶。他不管是严冬还是酷暑，终日沉溺在阅读和史料的整理中，细心地钻研每个历史事件和细节，每一个地点、年代都要认真考察，从不敢有一点马虎，每一句话，每一个字都要精心择选，再三考虑，反复推敲，试了又试，这样来来回回不知道多少次。

皇天不负苦心人，公元前193年，司马迁完成了《史记》。司马迁为《史记》耗费了十六年时间，这本书充满了他的血和泪，可以说是用他生命写成的。

司马迁拥有满身的才情与抱负，少年时候的司马迁，曾经把长安城当成自己的龙门，青、壮年的他，把宫廷当成自己的龙门，他也一直都在努力，在尝试跃上龙门的那一刻，直到他父亲死去的那一刻，他才真正意识到：其实《史记》才是他真正的龙门！在他付出惨痛代价，接受腐刑的情况下，著完《史记》这部巨著之后，他终于登上了龙门。

在司马迁59岁那一年，他悄悄地离开了家，从此没了音讯。他的下落也成了历史上的一个谜，然而司马迁的事迹和这本巨著《史记》在人间广为流传，永垂不朽。

蔡伦与惊动世人的造纸术

▶ 人物名片

蔡伦（61—121），汉朝宦官，字敬仲，东汉桂阳郡人，我国四大发明中造纸术的发明者。蔡伦在少年时代便对造纸表现出了浓厚的兴趣，多次试验都未能如愿。进宫之后，他继续琢磨研究，经过长期反复试验，最后，终于用树皮、鱼网和竹子压制成纸。造纸术的发明彻底地改写了后世中国乃至世界的历史。蔡伦也因此挤进了古今中外的杰出人物的行列。

▶ 人物风云

提起蔡伦的出生，是一件非常寻常的事情，跟那些历代帝王将相出生时的异象沾不上一点儿边。如果非得与他们拉上点关系的话，恐怕只有家境贫寒这么一点儿，但是，这又是当时平民百姓的共同点。所以说，蔡伦的的确确是一个很普通的人。

　　由于出身贫苦，为了维持生计，他在永平末年入宫做了太监。是呀，如果还有一点儿办法的话，谁也不会愿意进宫当太监的。刚进宫的时候，蔡伦只是一个小黄门，职位相当低。但是，由于他头脑灵活，机敏多才，做事又特别谨慎，在公元89年汉和帝即位之后，便提升他做了中常侍，掌管文书，传达诏令，并且，还能够时常参与到国家的机密大事中来。后来，蔡伦又被提升为尚方令，负责皇室器皿的制造。尚方，说白了就是一个专门为朝廷生产御用器皿的机构。由于这个机构资金雄厚，技术完备，为蔡伦提供了良好的研究环境。据相关史书记载，蔡伦监制的刀剑器械，那可是"莫不精工坚密"，引得后世人争相效仿。

　　其实，蔡伦在少年时代就非常喜欢研究造纸。虽然他曾经做过很多次的实验，都没有成功地制造出纸张来，但是，他却对造纸所需原料与基本的工艺流程有了很深刻地了解。进宫之后，他见皇帝只能使用竹简、木牍或者缣帛批阅奏章，而这些东西不是太笨重，就是成本太高，很难在民间普及，这更坚定了他造纸的决心。于是，他利用自己担任尚方令的有利条件，继续认真总结过去失败的经验，积极探索这一工艺的奥秘。功夫不负有心人。经过无数次的反复试验，蔡伦终于利用树皮、麻头、破布和旧渔网等作为造纸的原材料，造出了成本低廉、轻便易于携带的纸张。

　　蔡伦到底是怎么做的呢？首先，他将这些原材料切断或者捣碎，然后将其放入水中长时间浸泡，最后再将这些东西捣成糊状。根据一些史料记载，蔡伦当时还增加一道工序，那就是用进行石灰碱液蒸煮。这样一来，植物纤维便会加快分解并且分布得更加均匀，煮完之后，将这些糊状物平铺在细密的席子上，待风干之后就制出纸张来了。现在看起来，这个方法似乎并不太难，而且好像还很简陋，但是，在当时却是一项革命性的进步啊！

　　东汉元兴元年，蔡伦将他制造出来的优质纸张进献给了汉和帝，汉和帝一用，觉得很不错，既轻薄又不透漏，对蔡伦大加赞扬，并且下令将其推行全国。汉安帝元初元年，蔡伦因为造纸有功，而被封为龙亭侯。百姓们便把他发明的这种纸做"蔡侯纸"。经过他的改良，纸张的质量有了大幅度的提高，成本也降低了很多，所以，这种纸张很快就在全国流传开来了。

按常理来说，蔡伦为社会做出这样大的贡献，即使不荣华富贵一生，怎么着也应该平安一生吧。然而，不幸的是，这位伟大的发明家最后却成了封建宫廷斗争的牺牲品。蔡伦进宫初期，跟随着汉章帝。当时，窦皇后膝下没有皇子，而宋贵人却诞下了皇子刘庆，并被立为太子。窦皇后出于嫉妒，便开始想方设法陷害宋贵人，让皇帝废了刘庆这个太子。即使这样，窦皇后仍然不肯罢休，她想要置宋贵人于死地，彻底消灭她的心头大患。于是，她便命令蔡伦无中生有诬陷宋贵人。蔡伦官职低微，不敢违抗，只得照做，逼得宋贵人自杀而死。但是，巧的是，在后来的宫廷纷乱中，刘庆之子刘祜胜出，做了皇帝，就是汉安帝。汉安帝下令追查他祖母的死因，要将曾经陷害祖母的人全部法办。已经在皇宫中打滚多年的蔡伦，深知这次自己在劫难逃，于是，他于121年沐浴更衣之后，镇静地服毒自尽了。

虽然蔡伦的结局有点"惨"，但是，这并不能影响他知名度。随着造纸术的推广，蔡伦这个名字传遍了全国乃至全世界。晋朝时期，蔡伦的造纸术已经传到了朝鲜和越南；隋炀帝大业六年，朝鲜的一位和尚——昙征，又将这一工艺传到了日本。之后，唐玄宗天宝十年，唐朝军队与阿拉伯大食国交战，唐朝战败，被俘虏的士兵又将其传到阿拉伯。再后来，造纸术又先后传到了欧洲、美洲以及大洋洲。

蔡伦发明的造纸术与火药、指南针、印刷术并称为中国古代四大发明，是中国对世界文明的巨大贡献，这位奇才巨匠也世世代代受到后人的称颂。

中国第一位女历史学家班昭

人物名片

班昭（约45—约117），是东汉扶风安陵（今陕西咸阳东北）人，是东汉的著名史学家班彪的女儿，班昭是班固的妹妹。她的哥哥班固在世时编著了《汉书》，但是其中的八表及《天文志》的手稿，还没来得及整理他就去世了，然后班昭继承遗哥哥的遗愿，独立把《汉书》中的第七表〈百官公卿表〉与第六志〈天文志〉，使这部巨著完成了。成为中国历史上的第一个女史学家。

人物风云

　　班昭出生在一个书香世家，家学渊源，尤其擅长文采。她的父亲班彪就是当时汉朝有名的史学家，班昭从小受到父亲的影响，很早就熟读诗书，她常常被召入皇宫，作为皇宫中后妃们的老师教授她们诵读经史。清代女作家赵傅称赞她为"东观续史，赋颂并娴"。在班昭十四岁的时候就嫁给了同郡的曹世叔作妻子，所以后来人们又称她为"曹大家"。早年的班昭生活幸福美满，曹世叔性格活泼外向，而班昭则温柔细腻，他们两个人在日常的生活中颇能相互迁就，因此两人一直都相敬如宾，生活甜蜜。但是好景不长，班昭的丈夫因故去世了，所以班昭也曾经一度抑郁。

　　班昭是一个文采非凡的女性，她的文采首先就表现在能够在她哥哥死后最终将《汉书》完成，这部书的完成，为中国古代的历史文化又增添了辉煌的一笔。这部史书开创了中国纪传体断代史的先河，是中国历史的正史写得比较好的一部，它被人们称赞为言赅事备，将它列为与《史记》齐名，这部著作共分纪、传、表、志四大类。这部书的创作在班彪在世的时候就开始了，后来她的父亲死后，哥哥班固就继承父亲的遗志继续开展这一工作。班固也是一个文学大家，字孟坚，据说他九岁就能够写作文章，等他稍微大一点的时候，就已经博览众书，对于那些书中的精华他已经熟读于心。但是就在《汉书》快要被班固完成时，他却因为窦宪一案受到了牵连，被抓进狱中，最后死在了里面。班昭从悲伤中走了出来，她痛定思痛，毅然接过了亡父和亡兄未完成的工作。

　　幸好班昭在班固在世的时候就跟随哥哥参与了对这部著作的纂写工作，后来她又得到了汉和帝的恩准，能够有机会到东观的藏书阁中去翻阅参考典籍，所以这份工作做起来也比较得心应手。在班昭的努力之下，这部中国历史中的巨著终于完成了。

　　班昭在世的时候，汉和帝时期是其中的一段时间，汉和帝在班超死后不久也就去世了，后来又有两位小皇子继位，然后邓太后临朝听政，但是纵观东汉的历史，在位的皇帝都比较短命。只有东汉的开国的皇帝，光武帝刘秀活得时间比较长，他倒是活过了"花甲"之年，直到六十二岁时才去世，其次活的时间还比较长的就是汉明帝，活到了四十八岁，下一个就是汉章帝到了三十一岁，剩下的就都比较短命了，大多只活到了二十几岁，再剩下的就是好几个娃娃皇帝，这样就造成了历史上东汉外戚专权的政治局面。

汉和帝死后，小皇帝继位，邓太后就以女主的身份开始执政，这时候邓太后对班昭非常赏识，尊称她为师傅，并且她也得此机会参与国家的机要政事，她对此也竭尽心智地为国效忠。邓太后对她也非常器重，遇到事情常常征求她的意见。邓骘是邓太后的兄长，以大将军的身份辅理军国，朝廷对他非常倚重，后来邓骘的母亲过世，他向朝廷上书请求辞官回乡为母亲守孝，太后对这件事一直犹豫不决，拿不定主意，最后她向班昭请教该怎么决断，班昭告诉太后，邓骘大将军为东汉立下了大功，如果此时辞官，可谓是功成身退；如果继续留在朝中的话，万一有一天边境又有祸患，这时候他作为大汉朝的将军不得不带兵出征，一旦稍有差池，那么他辛苦立下的功劳和一世的英名，就全部付诸东流了。邓太后认为也是她说得很对，于是批准了邓骘的请求。

班昭活到七十多岁，在她死的时候，连皇太后都为她素服表示哀悼。班昭是中国古代一位博学多才，品德兼优的女性，在那个崇尚女子无才便是德的封建社会里，她的才华是非常难能可贵，她是中国历史上为数不多的一位史学家，同时也是一位为造诣极深的大家，同时也是一位受到当时统治者敬仰的政治家。她的丈夫虽然早逝，但是她在曹家有一个儿子，几个女儿，她唯一的儿子叫曹成，字子谷。在汉和帝去世后，邓太后临朝听政，因为班昭在朝中帮太后处理了不少政事，所以，她的儿子曹成后来被封为了关内侯，官职等级与当时朝中的相国同等。后来班昭逝世以后，皇太后派使者为她监护丧事，并且亲自为这个受人敬仰的老师穿素服哀悼，并且死后也为她加封了极高的荣誉。

后来《汉书》出版以后，得到了世人极高的评价，好多学者都争相传诵。《汉书》中的第七表《百官公卿表》和第六志《天文志》是班昭在她哥哥死后独立完成的，而这两部分也恰好是《汉书》中最为棘手的部分。可是这两部分的写作，也成了全书的精华，由此可以看出班昭在文学和历史方面的造诣，让世人不得不佩服这位中国古代历史中的奇女子。但是班昭在完成这部巨著时，每次都会谦逊地冠上班固的名字。在当时，班昭的学问精深是大家所共知的，相传大学者马融为了请求班昭的指导，曾经跪在东观藏书阁外，洗耳聆听班昭对于书籍的讲解！班昭的一生有很多著作，除著一部《汉书》之外，还有赋，颂，铭，诔，哀辞，书，论等作品共十六篇，原有集三卷，但是大多都失传了。仅存的有《东征赋》一篇，被当时的昭明太子萧统编入了《文选》一书，才得以保存了下来。还有一篇是《幽通赋》，这是一篇班昭为班固的著作作的注，被收录在《文选》李善注中。

　　班昭这一生最主要的功绩就是她继承了父亲班彪和兄长班固在世时没有完成的事业，整理并写完成了中国历史上的一部宏观巨著《汉书》。《汉书》是对《史记》一书的接续，主要讲述中国东汉时期发生的历史事件和人物传记，是中国历史上第一部纪传体断代史，全书一共一百篇，120卷。司马迁编纂的《史记》由于他的去世，全书记事于西汉武帝大初年间就被终止了，后来虽然曾经有人对其进行补写，但是班彪认为多都是记录了一些鄙俗的事情，文风也大多和《史记》不能相配，后来他就开始"收集史料，希望补齐《史记》没有完成的部分。他开始撰写《后传》60余篇，但是没有等到他完成就因病辞世了。班固为了帮父亲完成遗愿，开始整理他父亲的遗稿，但是在整理中发现，书中所叙述的好多前面的历史都不是很详细，于是开始着手编写一部从汉高祖创下基业开始的直到王莽覆亡的一段历史，其中包括了西汉全部的历史，取名为《汉书》。但是后来在这部书即将完成的时候，班固却被捕入狱，最后死在了狱中，而这部史书也就变得无人编纂。幸好汉和帝知道班昭虽然是女士，却是一位博古通今、学识过人的巾帼奇才，立即下诏让她和马续到皇宫的东观藏书阁继续修著这部史书。班昭为了帮父兄完成生前的遗愿，欣然前往皇宫奉召。她在藏书阁内经年累月孜孜不倦地查阅大量史籍，并对那些散乱的手稿进行整理、核实，并且在原稿的基础上他又补写了八表，分别为《诸侯王表》、《异姓诸侯王表》、《高惠高后文功臣表》、《外戚恩泽侯表》、《景武昭宣元成功臣表》、《古今人表》《百官公卿表》和《天文志》。最终这部历经40年编撰的史书终于被完成了。虽然先后曾经有四个人对它着手编纂，但是每个人在开始工作之前都是是先精懂前人的文风和写作方法，然后才开始撰写，使这部书读起来还是给人一种文辞优美，连贯，前后一致的感觉。班昭除了在整理、续写《汉书》方面所作的贡献外，她对于传播和普及《汉书》也颇有建树。《汉书》完成以后，好多读者都不能读懂它其中的道理，于是她就开始教授当时的大儒马融等人诵读《汉书》，最终使它能广泛流传下去。

班昭是中国历史上的一颗光辉灿烂的明珠，在那"女子无才便是德"的等级观念根深蒂固的封建制度中，班昭能够冲破心灵的束缚，成为一个文学和史学都造诣精深、才华横溢的大家，尽显了她巾帼大家的风范。她能够从失去亲人的悲痛中毅然承担起编纂的工作，显现的是她坚强的毅力和战斗力。

班昭，这位中国历史上的奇女子，因其不朽的贡献而名留青史。

张衡发明地动仪

人物名片

张衡（78—139），字平子，出生在南阳郡西鄂县（今河南省南阳市石桥镇）。东汉伟大的天文学家、数学家、发明家、地理学家、制图学家、文学家、学者，在汉朝官职中曾任尚书，为我国的天文学、机械技术、地震学的发展作出了不可磨灭的贡献。由于他的卓越贡献，联合国天文组织曾将太阳系中的1802号小行星命名为"张衡星"。

人物风云

张衡，出生在一个有着显著名望的家庭。祖父是当时的蜀郡太守张堪。小时候的张衡就善于做文章，精通五经，通晓六艺。他学识渊博，才华横溢，不骄不躁，并自以为没有什么才艺是过人的。相对于功名利禄，争权夺利，他更喜欢过这种平淡安静，舒适恬淡的生活。虽然有过多次做官发财的机会，都被张衡婉言谢绝了。

张衡最喜欢机械制作，尤其善于钻研天文知识、阴阳之学和历算。平时喜欢沉溺在扬雄的《太玄经》中。汉安帝向来听说张衡对天文和阴阳很有研究，便由公车官署征召，并授予张衡郎中官职，后来又晋升为太史令，专门研究日月星辰和天体运转的规律。他在天文这方面颇有造诣，以此来平定四时，创制研发了用来观测和计算天体位置的浑天仪，并撰写了天文学巨著《灵宪》和网罗天地计算的《算罔论》。

汉顺帝初年，张衡专心于自己的科研工作，不贪恋权贵，对于官僚之间的勾心斗角，尔虞我诈更是嗤之以鼻。他曾撰写《应间》一文表明自己无心朝廷之事，以及不攀权贵的志向，请求辞去官职，一心搞科研，却遭到顺帝拒绝。

汉顺帝阳嘉元年，张衡经过苦心钻研，发明了测定风向和地震方位的候风地动仪。这种仪器采用纯铜铸造而成，圆径约一米，上面有隆起的圆盖，看上去就像一个酒坛子，地动仪的外面刻着篆体文字和山、龟、鸟兽等图形，仪体里面立着一根很粗的铜摆柱，连结着朝向东、西、南、北、东南、东北、西南、西北八个方向的八根横杆，附有机关枢纽，外部铸着八条龙，分别朝着八个方向，每个龙头都朝下，每条龙的嘴里都衔着一个铜球，对应着每个龙头下方铸了八个蟾蜍，它们各自张着嘴做出准备承接铜球的样子。地动仪内部的每一个构件都非常巧妙地相互牵制着，起到了灵活传动的作用，地动仪就好像一个酒坛子，这里的每一个构件安装的都十分隐蔽，盖上外盖以后，周围紧密无缝。在地震发生时，地动仪内的铜摆柱会受到感应不断地振动，触击任何一个方向的横杆引动其他的构件的连锁反应，触动龙头张开大嘴巴吐出衔着的铜球，落在下面蟾蜍的嘴里，两者相撞会发出巨响，听到响声，人们自然就知道发生地震了。某个方位发生地震的话，会使指着相应方向的那一条龙的机械发动，但是其他七条龙头都不动，从嘴里吐出铜球的那一条龙头所指示的方向，就可测知到底是哪一个方向发生地震了。

事实也充分证明，实际地震的情况与地动仪上测得的地震情况几乎没有差距。当时国家政事日益败坏，统治大权落在了外戚和宦官的手中。张衡向皇帝上奏，说成就大事之前必定会经历一些磨难，皇上勤政爱民，受人敬仰。今朝廷发生叛乱，天下人事对立的格局未得解决，再加上灾祸不断，神灵虽遥远，但是暗地相合的警戒就在眼前。施仁政方可赐福，造淫乱也可降祸，以德治天下，就会结出美好的果，坚持过错便会带来祸患。通往天界的道路虽遥不可及，但吉祥和凶恶是可以看见的。上天用灾异来警示人们，先前已经发生数次了，但一直都没有看出什么改变，所以灾祸才反复出现。自然界不存在圣人，犯错也是在所难免的。希望陛下可以再三考虑，不要给神灵留下把柄，祸及百姓。如果皇上的恩泽可以感动天地，事事都能依据礼制实行，礼节制度完善了，那奢侈越轨的事情就不会再发生了，事情做到合理相宜就不会再有什么凶患过失了。神灵也会因为皇上对于天下的治理恰当，而灾祸就不会再有了。"皇上欣然接受了张衡的建议，实行仁政，遵从勤政爱民的思想，果不其然，百姓安居乐业，国泰民安，风调雨顺，就连战祸也少了许多。

阳嘉元年，张衡任公车司马令侍中，皇帝希望他可以到宫内任职，常伴自己左右，张衡接受了。由于张衡与世无争，对于政事也有自己的一番见解，他主张的是以仁治天下，经常用含蓄的语言讨论政事，同时给予暗示及劝告。皇帝曾经问过张衡天下万物之中有没有什么特别憎恨的事情，张衡淡淡一笑，跪安退下了。那些暗藏歹心的宦官们，整天担心张衡会在皇上面前说自己的坏话，索性一个个都在皇上面前说他的坏话。张衡身处皇宫这个是非之地，自身安全不能保证，虽然认为吉和凶具有依赖转换的关系，结果却是难以预测。为了寄托自己的感情和志向，他撰写了《思玄赋》。

汉顺帝刘保永和初年，张衡被调到诸侯国河间作相，在任职三年期间，当地百姓生活安逸，对政事处理得也很到位，虽然多次上书请求退休，皇上都未曾允准。后来，张衡被征召回宫授以尚书之职，协助皇上管理文书。东汉永和四年，张衡身患重病，卧床不起，卒于尚书任上，享年六十二岁。

张衡一生撰写巨著数十本。比如说《周官训诂》，研究、解释《周易》所作的《彖》、《象》，遗憾的是最终未能将其完成。他还著有诗、赋、铭、七言、《灵宪》、《应间》、《七辩》、《巡诰》、《悬图》等共三十二篇。这些巨著都一一保存了下来，供后人瞻仰和学习。张衡，一代名家，为我们留下了宝贵的财富，值得后人敬仰和爱戴。

妙手回春的神医华佗

人物名片

华佗（约145—208），字元化，一名旉，汉族人，东汉末医学家，出生于谯县（安徽省亳州市谯城区）。华佗与董奉、张仲景并称为"建安三神医"。

人物风云

华佗从小就同其他的小朋友不一样，不管是从才智还是为人方面都比别人要胜一筹。华佗七岁的时候拜一个姓蔡的医生做老师，因为蔡医生的医术高明，想要拜他为师的人不计其数。但是蔡医生只想找一个智力超强、极具慧根的孩子为徒，于是他就对那些前来学医的孩子进行了一场小测验，见到华佗的时候，他让华佗采下桑树最高枝条上的叶子，前提是既能不用梯子作为工具，也不能爬上去。这该怎么办呢？正当众人一筹莫展的时候，小华佗灵机一动，找来了一根绳子，然后在绳子上绑上一块小石头，使劲抛向最高的枝条，绑着石头的绳子紧紧地套在了那个枝条上，他用劲一拽绳子，那根树枝被压下来了，一伸小手就把桑叶采了下来。碰巧院子里有两只山羊正在打架，不管人们怎么拉扯就是分不来，蔡医生便让华佗前去劝架，华佗顺手从地上捡起了一撮绿油油的嫩草，扔给两只正在打架的山羊，这时候的山羊已经筋疲力尽，又饿又渴，完全顾不得打架，匆匆地跑去吃草了。见状，蔡医生笑了，他见小华佗聪明伶俐，甚是喜欢，就收他做了徒弟。此后，华佗一边跟着师傅做临床实践工作，吸收了许多经验，一边认真研究《神农本草经》、《难经》等医学方面的巨著，钻研医理，最后，终于成为一位"神医"。

华佗堪称我国医学史上的外科"鼻祖"。对于外科技术、人体解剖知识等都了如指掌，不仅如此，他还谙熟人体的骨骼、血脉、内脏器官的大小、位置、容量及其生理功能等。这些成果与他多年来的努力以及先天的慧根是分不开的。毫无疑问，华佗是一位出色的外科专家。

华佗在给病人进行外科手术的实践过程中，目睹了很多病人在接受治疗时所承受的巨大痛苦。为了减轻患者的痛苦，华佗苦心钻研，希望可以解决手术过程中的麻醉问题，他开始认真总结和探究古人的经验。《神农本草经》中有记载说："莨菪子……多食可以使人神志不清，甚至发狂"。华佗反复研究相关的医书，慢慢地发现原来中药可以起到麻醉的作用。经过反复的临床实践，华佗发明了一种麻醉剂，这种麻醉剂主要以曼陀罗为原料，叫"麻沸散"。

后来，华佗仔细观察人在喝醉酒以后慢慢进入沉睡时的状态，逐渐了解到酒具有活血舒筋的功效，所以采用了用酒泡"麻沸散"的服药法，从而达到使全身麻醉的目的。华佗运用全身麻醉法进行外科手术治疗的方法，不仅是中国医学史上的首创，而且在世界的外科手术史上也是首屈一指的。

华佗反对单纯的医药治疗，而是提倡多锻炼，强身健体，增加免疫力，以达到防治疾病的效果。

华佗总结"熊经"、"鸟伸"等具体的操练姿态，精心研究前人的体育保健疗法，并创造了"五禽戏"体操。

"五禽戏"是主要以肢体各关节的运动，再结合呼吸运动和推拿，将运动与医学疗法相结合的保健运动。

经过六年的坚持和精心研究，华佗已将"五禽戏"疗法的精髓吸收，自己受益匪浅。医者自医的道理大家都懂，华佗虽然年过半百却依旧容光红润，步伐矫健，精力充沛，体质良好。

华佗的弟子们也遵从他的嘱咐，学习"五禽戏"，且坚持每天做练习，个个身体强壮。

不仅如此，华佗还对发疳、虚脱、呼吸困难、神志不清等病症，曾有过记述。这些重要记述作为诊病预防的重要依据，直到今天，它的价值都不容小视

此外，华佗还开创了望、闻、问、切的确诊方法，这种疗法它要求对症下药，因病而异，疗效显著。直至今日，望、闻、问、切的疗法依然被人们所推崇。

华佗治病手段千奇百怪，他最擅长的是用汤药、针灸、水疗、放血、刮痧

等方法，这些技术也被世人继承下来。华佗的针法高明，技艺也相当纯熟，而且善于创新，经过反复临床实践，反复斟酌挑选最有效的穴位针刺，最后将其用到患者的身上，虽然扎针不多，却可以让病人收到良好的效果。

华佗还经常拜师学医，为了掌握药的性能和药力，经常独自一人上山采药，冒险试药，然后确定方剂、定药量。经过长时间的医疗实践，华佗细心观察和搜集在民间流传的许多宝贵的医学方面的经验和方剂，许多妙方良药都是从民间获取的。比如说华佗在治疗寄生虫病用过的蒜汁调醋疗法，就来自于民间。长期和药材打交道，华佗的抓药技巧也堪称一绝，可以做到"心识分铢，不假称量"。

华佗一生行医问药，爱惜百姓，关心百姓疾苦，出诊前从来都不讲条件，不管是白天还是黑夜，不论是酷暑还是严寒，从来都是随请随到。一生中曾经有很多发大财的机会，都被他拒绝了。在他看来，解救百姓才是他最重要的事，他不贪求荣华富贵，也不图功名利禄，宁愿一辈子清苦平淡。公元208年，曹操统一了中国北部，势力越来越强大，成为北方的最高统治者。就是这样的一方霸主，长时间的操劳，再加上没有时间调理，患上了头风眩，每次发作的时候都会头昏眼花，痛苦难耐，多年寻医问药，都不见疗效。曹操听闻华佗的医术很高，就派人不远千里来为他看病，令他感觉惊讶的是，这顽疾竟然被华佗几根针就轻松搞定了。曹操很是高兴，心想："如果再发作，我该怎么办？不如把他留在自己的身边，这样就万事大吉了。"他自私地将华佗留在了身边，只为他一个人看病。就这样，日复一日，华佗觉得烦了，他在民间行医问药这么多年，突然只为一个人看病，还将他困在这深墙大院中，日子久了，思乡之情也慢慢浓烈起来，再想到家中妻儿无人照料，华佗心中苦闷极了。华佗以"求药取方"为由，请求曹操允许他回一次家，曹操答应了。

回到家中，华佗百感交集，他再不想回到许昌的牢笼中。一个月很快就过去了，华佗便假借妻子患病，写了一封信请求曹操可以准予续假。此后他又写了好多次请求续假的信，曹操怀疑华佗不想回来了，要求他立刻回许昌，并威胁华佗如果再不回来，就只能一死。

华佗生性刚烈，秉性倔强，不向权势低头，不为威武所屈。遇到曹操这样蛮横，自私的人，更是不遵从曹操的命令。这一点让曹操大怒，想要杀死华佗，虽有人极力劝阻，但曹操根本就不听别人的一再劝谏，在公元 208 年，下令处死了华佗，一代名医就此陨落了。华佗的著作都没有保存下来，他的许多伟大的发明也从此失传，这是我国医学史上的一大损失。

华佗作为一代名医，被人们怀念和称颂。现今的安徽亳州也就是华佗原来住的地方修建了华庄和华祖庙，在江苏省徐州市建有华祖庙和华佗墓，还有墓碑，石供桌和石兽等。华佗在人们心目中的地位无人可以取代。